of Kitui

Dokata
Dabassa
Barassa
Dara
Dokata
Dabassa

The Duchess of Connaught
in attendance

with Carl Akeley; George Eastman

Game Warden
MacArthur

Collection
Rolf Heyne

Éric Joly

Jagd & Jagdwaffen

Wilhelm Heyne Verlag
München

Titel der französischen Originalausgabe:
Chasse. Fusils de légende

Ins Deutsche übertragen von Stefanie Schäfer und Matthias Wolf (Verzeichnis der Waffen und Anhang)

Die Originalausgabe erschien im Verlag Éditions Assouline, Paris

Umschlaggestaltung: Hauptmann und Kampa Werbeagentur, Zug
Grafische Konzeption und Buchgestaltung: Éléonore Therond
Satz: KortSatz GmbH, München
Herstellung: Karlheinz Rau
Reproduktion: Gravor (Schweiz)
Druck und Bindung: Canale (Italien)
Printed in Italy

ISBN 3-453-13794-9

Inhalt

Einführung

Jäger sind oft auch Waffenliebhaber, genauer gesagt, Liebhaber edler Waffen. Das Weidwerk und die Handwerkszeuge, die man zu seiner Ausübung braucht, sind untrennbar miteinander verbunden.

Seit jeher haben die Menschen bei der Jagd großen Einfallsreichtum bewiesen. Unsere Vorfahren hatten ursprünglich kaum eine Chance gegen die gefährlichen Tiere, auf die sie trafen: Sie liefen Gefahr, von gewaltigen Auerochsen aufgeschlitzt, von Mammuts zertrampelt und von Säbelzahntigern in Stücke gerissen zu werden. Paläontologen haben in Höhlen menschliche Knochen gefunden, die Spuren wilder Kämpfe zwischen Mensch und Tier aufweisen: zerbrochene Oberschenkelknochen, abgerissene Oberarmknochen, eingedrückte Schädel und auseinandergerissene Wirbelsäulen.

Erst die Erfindung von Pulver und Schießwaffen verschaffte den Menschen einen entscheidenden Vorteil.

Im Laufe der Jahrhunderte entwickelte sich die ursprünglich überlebensnotwendige Jagd sowohl zu einem Sport als auch zu einer Lebenskunst. Büchsen und Flinten wurden kontinuierlich weiterentwickelt, bis sie kunstvollen Meisterwerken glichen. In verschiedenen Ländern hat man sich auf bestimmte Jagdarten sowie auf die entsprechenden Waffen dafür spezialisiert: die Engländer etwa auf große Treibjagden und Doppelflinten mit typischen Schlossen; die Deutschen, Experten für die hohe Jagd, auf Büchsen von erstklassiger Qualität; die Amerikaner, beeinflußt von den Mythen des Wilden Westens, auf phantasievoll gestaltete Waffen; die belgischen Waffenhersteller auf kunstvolle, hochwertige Büchsen; die Franzosen, Anhänger des Buschierens, auf schlichte und solide Waffen; die Italiener wiederum auf die Entwicklung immer raffinierterer Modelle.

Eine edle Waffe erhöht das Vergnügen an der Jagd. Im Laufe der Jahrhunderte arbeiteten die Büchsenmacher unermüdlich an der Verbesserung der Jagdwaffen, und manche Waffen erlangten einen geradezu legendären Ruf. Sie sind Symbole der leidenschaftlichen Begeisterung, die das Weidwerk bei seinen Anhängern entfachen kann.

In Tweed gekleidete Gentlemen auf dem Weg zu ihren Ständen, die Waffen noch in den Futteralen. Erst bei Beginn der Treibjagd werden sie herausgenommen.

Die Geschichte der Jagdwaffen

Seit der Erfindung der Feuerwaffen sind der Kreativität bei deren Weiterentwicklung keine Grenzen gesetzt. Im Laufe der Zeit entstand der Beruf des Büchsenmachers, und immer kunstvollere Waffen wurden hergestellt.

Die Geschichte des Jagdgewehrs

Vom primitiven Vorderlader zu den Wunderwerken der Büchsenmacher

Die Geschichte der Jagdgewehre ist eng mit der des Pulvers verknüpft. Das Schwarzpulver wurde zwar bereits vor dem 12. Jahrhundert in China erfunden, jedoch zunächst ausschließlich zur Herstellung von Feuerwerkskörpern benutzt. In Frankreich wehrten 1193 die Bewohner der Stadt Dieppe angreifende Engländer mit einem Hagel schwarzpulvergefüllter Feuerwerksraketen ab.

Bei dem ersten Gewehr handelte es sich um ein eisernes Rohr, das an einem Ende offen war. Am anderen Ende befand sich eine kleinere Öffnung, in die man eine Zündschnur steckte. Man schob mit dem Ladestock Pulver und ein Projektil in das Rohr, legte Feuer an die Lunte, und der Schuß brach. So entstanden die ersten Vorderlader, schwere Waffen, die man zum Schießen auf gabelförmige Ständer stützen mußte. Als Munition dienten verschiedene Materialien: zunächst Kugeln oder Bolzen aus Stein, dann aus Eisen und schließlich aus Blei. Trotz der mangelnden Treffsicherheit dieser sogenannten Knallbüchsen wurden sie zu Ausrüstungsgegenständen der Armeen, deren Aufträge den Lebensunterhalt der Waffenschmiede sicherten.

Den Büchsenmachern der französischen Stadt Saint-Étienne wurde folglich die Tatsache, daß sie keine Kriegsgewehre herstellen durften – denn dies war ein Monopol des Staates –, zum Verhängnis. In Belgien hingegen führte 1889 ein staatlicher Auftrag über die Lieferung von 150 000 Gewehren zur Gründung der berühmten Waffenfabrik Fabrication Nationale (F. N.).

Links: Sauen werden seit jeher als respekteinflößende Gegner gefürchtet. Im Mittelalter erlegten die herrschaftlichen Jäger sie mit Lanze, Pfeil und Bogen (»Die Wildschweinjagd von Kalydon«, Wandteppich, Anfang 17. Jahrhundert).
FOLGENDE SEITEN: *»Zwei Knaben« (englische Schule, um 1700).*
Jungjäger im 18. Jahrhundert. Mit im Bild: Krickente und Stieglitz.

Das Erscheinen der ersten Feuerwaffen veränderte die Art und Weise des Jagens nachhaltig; nicht zuletzt verringerten sie das Risiko. Die Jäger hinter der Hecke legen daher recht gelassen auf das Schwarzwild an (Stich von Stradanus, 16. Jahrhundert).

Die Weiterentwicklung der Kriegswaffen wirkte sich auch auf die der Jagdwaffen aus. In einer Zeit, als sowohl die Straßen der großen Städte als auch die Wege in ländlichen Gegenden unsicher waren, belieferten die Büchsenmacher auch Privatpersonen mit Waffen, damit diese sich selbst zu schützen in der Lage waren.

Die Jäger reagierten skeptisch auf die ersten Feuerwaffen. Die Landesherrn übten nämlich vor allem die Hetzjagd mit Hunden aus. Wenn man gerade keinen Krieg führte, vergnügte man sich bei der Jagd. Beide Disziplinen ähnelten einander insofern, als sie den Charakter prägten und den Körper abhärteten. Wobei die Jagd auf Niederwild von geringerem Interesse war als die Jagd auf Hochwild, vor allem auf Schwarzwild, das man mit blanken Waffen (Saufeder, Hirschfänger) abfing. Zahlreiche Wandteppiche zeugen von der Leidenschaft jener kriegerischen Jäger, die meisterlich darin geübt waren, den Wildschweinen mit der Saufeder den Garaus zu machen. Verblüfft nehmen sie die ersten Knallbüchsen in Augenschein. Diese Jäger sprachen sich jedenfalls zunächst gegen die Benutzung von Feuerwaffen für die Jagd aus.

Nachfolger der einfachen Knallbüchse war der Vorderlader mit Radschloß, der um 1517 aufkam und ähnlich wie ein Feuerzeug funktionierte. Ein Zahnrad, betätigt von einer Feder, schlug von einem Feuerstein Funken, die das Schwarzpulver entzündeten. Zum Gewehr im eigentlichen Sinne wurden die Vorderlader, als das Schnapphahnschloß erfunden wurde, ein Vorläufer des um 1630 in Frankreich entwickelten Stein- oder Flintenschlosses, bei dem der in den Hahn – ein kleines Stück Metall, verbunden mit einer Feder – eingeklemmte Feuerstein (Flint) gegen die Schlagfläche eines metallenen Pfannendeckels schlug und dadurch einen Funken erzeugte (Feuersteinschloß).

Im 17. Jahrhundert wurden Waffen nicht nur direkt von den Büchsenmachern erworben, sondern auch auf Märkten gekauft. In einem Lütticher Schriftstück aus dem Jahr 1688 heißt es: »*Unsere Händler sind mit einer großen Menge Feuerwaffen zur Messe nach Frankfurt gefahren, wo sie aufgrund der Fortschritte der kaiserlichen Armeen in Ungarn und der venezianischen Armeen in der Levante auf guten Absatz hoffen, da alle Truppen, die sich dorthin begeben müssen, auf ihrem Marsch durch Frankfurt ziehen.*« Die Händler machten sich also mit eisenbeschlagenen Truhen, vollgepackt mit Ware, auf den Weg. Man kann sich diese schaukelnden Transporte auf ihrer Reise

Dieses Gemälde von Johann Gottlieb Prestel (1739–1808) zeigt ein elegantes Paar auf der Jagd. Der Jäger, in Gedanken versunken, stopft gerade Schwarzpulver in den Lauf seiner Waffe – ein mühsames Unterfangen.

über Berg und Tal gut vorstellen: Jederzeit mußten sie damit rechnen, von Wegelagerern überfallen zu werden, daher wurden sie von bis an die Zähne bewaffneten Reitern eskortiert und hielten sich an den Poststationen, wo die Pferde gewechselt wurden, nicht lange auf. Solche »fliegenden Händler« verkauften Gewehre, aber auch Pistolen aller Größen und Formen, mehr oder weniger aufwendig verziert, als Waffen zur Selbstverteidigung.

Um 1700 waren nahezu alle Waffenmodelle mit Steinschlossen ausgestattet. Diese Vorrichtung beschleunigte die Zündgeschwindigkeit beträchtlich, während eine weitere sinnreiche Erfindung, Batterie genannt, das Zündhütchen bis zum Aufschlag des Hahns festhielt. Die damaligen Herrscher wußten solche Waffen zu schätzen. 1713 bestellte etwa König Friedrich Wilhelm I. von Preußen 18 000 Gewehre und 8 000 Paar Pistolen.

Damals gehörte Krieg als fester Bestandteil zum Leben. Immer wurde gerade an irgendeinem Ort gekämpft, wegen Nichtigkeiten oder um eine Frage der Ehre zu klären, um dem Nachbarn ein Stück Land wegzunehmen oder um die Macht eines Herrschers zu untermauern.

Lüttich machte sich im Waffengeschäft einen guten Namen. Die Herrscher aller europäischen Höfe deckten sich in der belgischen Stadt ausgiebig ein. Es waren unruhige Zeiten, in denen man sich bereits bemühte, die Effektivität der Waffen ständig zu verbessern. In Frankreich wurde der Lütticher Waffenschmied Collet zu vier Jahren Gefängnis verurteilt, weil er versucht hatte, die Arbeiter der »Manufaktur für Geheimgewehre« von Vincennes abzuwerben, in der auch er arbeitete.

Lüttich, Saint-Étienne und Gardone in Italien wurden zu Zentren des europäischen Büchsenmacherhandwerks. Feuerwaffen hatten sich im Laufe nur eines Jahrhunderts überall durchgesetzt. Sie waren präziser als Armbrüste, und auf lange Distanzen schlagkräftiger, ihre Wirkung tödlicher. Doch die neue Erfindung wurde durchaus nicht einhellig begrüßt, sondern teilweise auch mit Beunruhigung aufgenommen.

In seinem Buch *Der vollkommene Teutsche Jäger* schrieb Graf Hanns Friedrich von Fleming, Forst- und Jägermeister des Kurfürsten im Jahr 1719: »*Und auf solche Art ist nun leyder! das schädliche Schieß-Pulver, allen lebendigen, vernünfftigen und unvernünfftigen Creaturen, zum mercklichen Untergang, durch diesen*

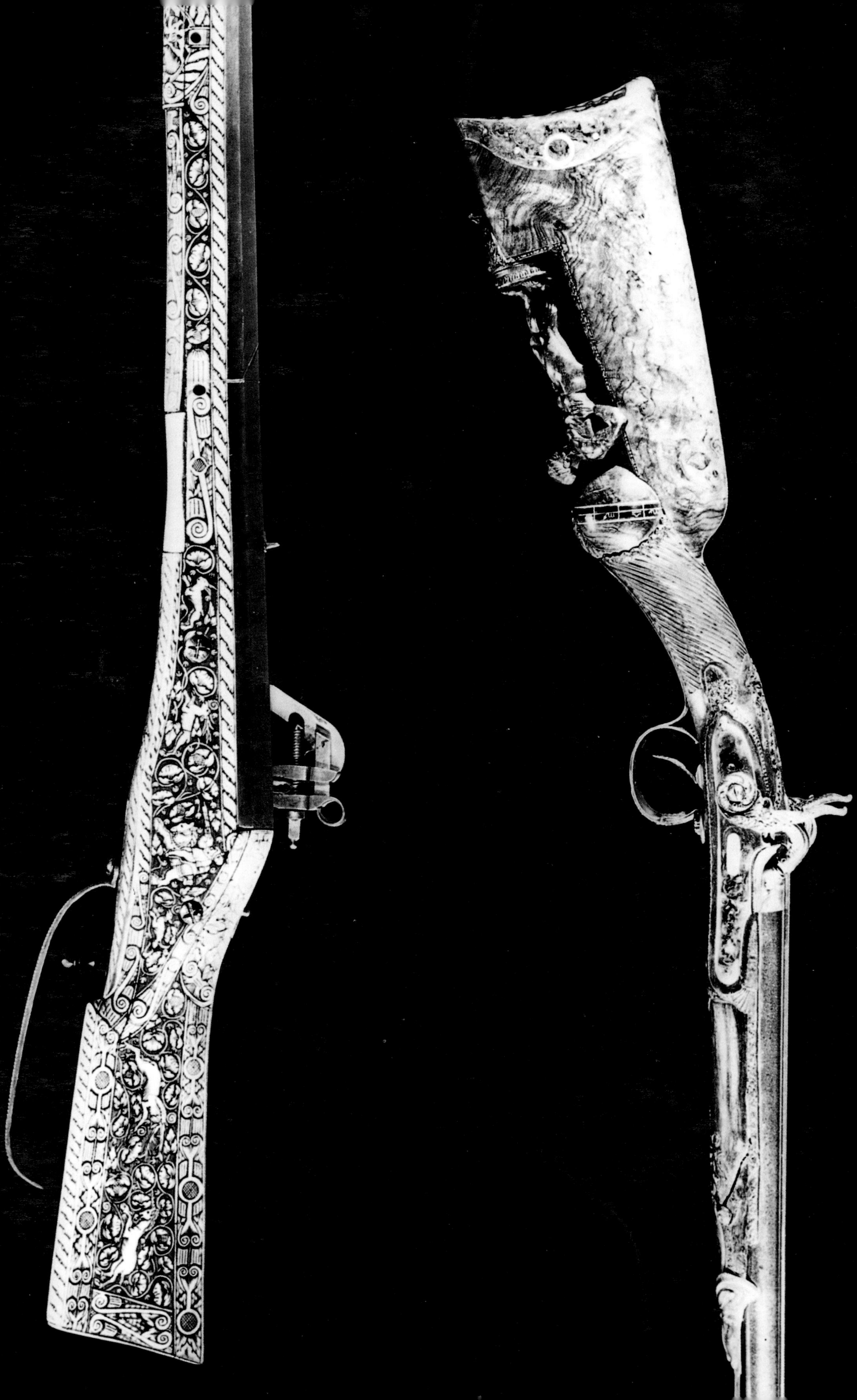

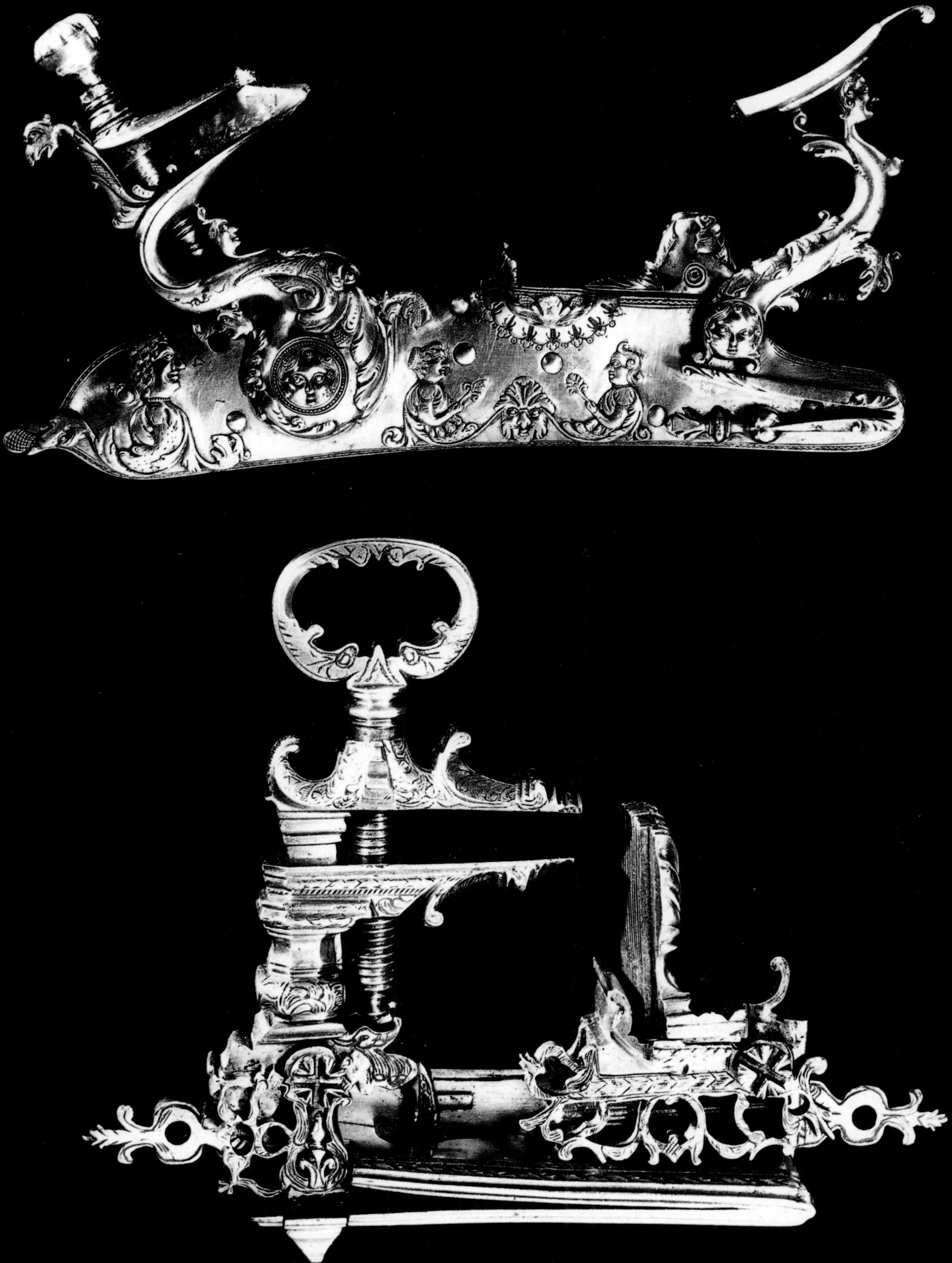

Steinschloßgewehre aus dem 18. Jahrhundert.

*vorwitzigen Münch, vermittelst des Teuffels Eingeben, erdacht worden.«**

Im 16. Jahrhundert hatte Montaigne noch spöttisch bemerkt, Feuerwaffen seien zu wenig nutz, sie verursachten nur dröhnende Ohren, und er hoffe, man werde ihren Gebrauch bald wieder aufgeben. Doch der Fortschritt war nicht aufzuhalten, und bald wurden Feuerwaffen von niemandem mehr belächelt. Gewehre sicherten den Erfolg der Armeen ebenso wie den Ruhm der Jäger. Die Produktion in den Fabriken lief auf Hochtouren.

Als Ende des 18. Jahrhunderts die Konflikte innerhalb Europas abnahmen, brach auf der anderen Seite des Atlantiks der amerikanische Befreiungskrieg aus. Der Bürgermeister von Lüttich erklärte 1776: *»Unsere großen und kleinen Waffenhändler verschaffen den Büchsenmachern reichlich Arbeit: In den Straßen sieht man nichts als Kisten voller Gewehre.«* Die Händler verkauften sowohl an die Engländer als auch an die Amerikaner.

Ungeachtet der primitiven Technik, die damals zur Verfügung stand, verdienten Tausende ihren Lebensunterhalt in der Waffenindustrie. In Belgien wurden erstklassige Handwerker ausgebildet, die später nach Schweden, Frankreich, Holland und Preußen emigrierten, um dort ihre eigenen Fabriken zu gründen.

18. Jahrhundert: Die Jagd auf Niederwild

Die Jagd mit Feuerwaffen auf Niederwild – Vögel, Hasen und Kaninchen – gibt es seit Ende des 18. Jahrhunderts. Mit einem alten Mantel, einem breitkrempigen Hut und Lederstiefeln führten die Jäger den komplizierten Ladevorgang aus. Zuerst mußten sie Pulver in den Lauf schütten, dann mit dem hölzernen Ladestock die

VORHERGEHENDE SEITEN: *Ein Luntenschloßvorderlader von J.-B. Cessier, Büchsenmacher aus Saint-Étienne (um 1509), sowie ein Radschloßvorderlader. Daneben zwei Schlosse, eines aus Italien, eines aus Spanien.*
RECHTS: *Meisterhafte Einlegearbeiten auf Radschloßgewehren aus der Sammlung des Fürsten von Liechtenstein.*

ENMADRID
GABRIEL ALGORA
AÑO D 1743
EN MADRID
JOACHIN DZELAIA
AÑO DE 1753
EN. MADRID
JUAN. SANTOS
AÑO. DE. 1744

Diese Waffen, in Frankreich und den früheren französischen Kolonien geradezu legendär, werden bis heute geschätzt. Dem »Robust«-Gewehr und der etwas luxuriöseren Ausführung »Idéal« können weder Regen noch Schlamm etwas anhaben.

Zwischenfüllung aus Filz hineinstopfen und danach schließlich die Munition. Nachdem der Jäger das Zündhütchen in die Zündpfanne eingelegt hatte, spannte er den Hahn. Nach dem Schuß umhüllte den Schützen eine Wolke schwarzen Pulverqualms, so daß er gar nicht wissen konnte, ob er sein Ziel überhaupt getroffen hatte. Bei jedem Versuch riskierte er, daß das Pulver sich nicht entzündete und es einen Nachbrenner gab, oder, schlimmer noch, daß die ganze Waffe ihm direkt vor dem Gesicht explodierte. Was nicht zuletzt daran lag, daß man in den Lauf alles mögliche lud. Aus alten Chroniken weiß man, daß bei der Schwarzwildjagd sogar Mistgabelzinken hineingesteckt wurden, um genug Durchschlagskraft zu erhalten. Der Jäger riskierte im Grunde genauso sein Leben wie das Wild. Und welche Umstände in Kauf genommen werden mußten! Man brauchte einen Sack Kugeln, eine Schachtel für die Filzpfropfen, ein Pulverhorn, Zündhütchen, einen Ladestock und einen Radschloßspanner. Nichtsdestotrotz fanden die Jagdfeuerwaffen immer mehr Verbreitung.

Vereinfachung des Ladevorgangs durch die Erfindung von Patrone und Verschluß

Die damaligen Jagdgewehre waren, wie gesagt, noch recht primitiv. Die Jäger litten unter gefährlichen Nachbrennern und schmerzhaften Rückstößen.

Am 29. September 1812 meldete der Pariser Büchsenmacher Pauly schließlich das erste Patent auf eine Patrone mit Metallbodenstück an, die ein Zündsystem enthielt. Nun brauchte man kein Pulver mehr in den Lauf zu füllen und nicht mehr schwer bepackt auf die Pirsch zu gehen, sondern einfach nur noch die Patrone in die Kammer zu stecken. Mit der von Pauly entwickelten Waffe konnte man elfmal pro Minute schießen.

Pauly konnte die zuständigen französischen Behörden von der Bedeutung seiner Erfindung jedoch nicht überzeugen und wanderte nach England aus. Es sollte noch einige Jahre dauern, bis die Jagdwaffen wirklich einfacher zu bedienen und zugleich effizienter wurden. Im Jahr 1825 entwickelte der Pariser Waffenhersteller Casimir Lefaucheux eine Flinte mit Kipplauf, in die eine gasdichte Patrone mit seitlichem Zündstift geschoben wurde. Das Lefaucheux-Modell hatte einen durchschlagenden Erfolg. Noch heute kann man da und dort Exemplare auf alten Bauernhöfen entdecken, die Läufe voller Staub und mit den Jahren rissig geworden. Nur das legendäre »Robust«-Gewehr der Firma Manufrance übertraf ein Jahrhundert später in Frankreich den Erfolg der Lefaucheux-Flinte.

Bei Jagdwaffen wird unterschieden zwischen Büchsen mit gezogenem Lauf für das Schießen mit Kugelpatronen und Flinten mit glattem Lauf für das Schießen mit Schrotpatronen. Während man in der Zeit, als das Pulver noch mit Feuersteinen gezündet wurde, schwere stählerne, meist achteckige Läufe herstellte, kamen danach leichtere Läufe aus Damaszenerstahl auf, die in Lüttich entwickelt worden waren. Sie

RECHTS: *Zielscheibe beim Schießtraining für Duelle aus dem ausgehenden 19. Jahrhundert. Sich richtig duellieren und gut jagen zu können, gehörte damals bei Bürgern wie Adligen zum guten Ton.*

FOLGENDE SEITEN: *Arbeiter in der Waffenindustrie im 19. Jahrhundert. Spezialisten fertigten die Waffen von Hand. Einige noch heute bekannte Firmen begannen schon damals, sich einen Namen zu machen.*

1833.
T. T.

entstanden durch die Verschweißung eines aus Eisen- und Stahlstreifen geflochtenen und um eine gehärtete Hülse gewundenen Bandes. Nach dem Polieren ergaben sich wunderschöne Oberflächeneffekte, z. B. ein Rosen- oder Bandmuster. Diese Technik verschwand allerdings, nachdem sich die Qualität des Stahls verbessert hatte.

Hahnlose Gewehre

Mitte des 19. Jahrhunderts waren Vorderlader hoffnungslos veraltet. Man jagte inzwischen mit Gewehren, bei denen die Munition zum Laden in die Kammer eingeführt wurde, wodurch sie den Vorteil einer leichteren Handhabung und höherer Sicherheit boten. Die Waffen wurden durch immer neue technische Erfindungen verbessert, wobei die Experten sich nicht immer einig darüber sind, wer die jeweiligen Erfinder waren.

Dominique Venner z. B., ein internationaler Waffenexperte und eine Autorität auf diesem Gebiet, ist der Meinung, daß 1874 der Büchsenmacher Greener den positiven Effekt einer sich verengenden Bohrung des Flintenlaufs zur Mündung hin entdeckte, um die Geschoßgarbe und damit die Reichweite des Gewehrs zu verlängern. Damit befände sich Ennemond Preynat, Spezialist aus Saint-Étienne, im Unrecht, der glaubt, daß der *Choke*, der Lauf mit Würgebohrung, bereits seit dem 18. Jahrhundert in Saint-Étienne hergestellt wurde.

1874 entwickelte J. Needham den ersten automatischen Patronenauswerfer für ein Jagdgewehr, wodurch man weniger Zeit für das Nachladen benötigte.

1875 führten die britischen Waffenschmiede Anson und Deeley ein System mit inneren Hähnen ein, *hammerless* genannt: Geladen wurde, indem man das Gewehr öffnete.

1880 stellten die Gebrüder Clair in Paris das erste halbautomatische Jagdgewehr her, das mit rückwärts geleiteten Pulvergasen arbeitete.

Schließlich wurde das berühmte Schloßsystem von Holland und Holland vorgestellt: Es verhinderte Fehlzündungen und ließ sich optimal zerlegen und einstellen.

Das Jagdgewehr wurde zu einem Luxusgegenstand, zu dessen Herstellung viele verschiedene Berufe nötig waren, deren Vertreter Hand in Hand arbeiteten.

Da die Jagd eine beliebte Freizeitbeschäftigung der herrschenden Oberschicht war, machten die Höfe Europas sich gegenseitig üppige weidmännische Geschenke. Man wetteiferte darin, seinen Freunden oder Verwandten die aufsehenerregendste Treibjagd zu bieten. Das Jagdschießen gehörte bald zum guten Ton; auf die richtige Weise und dabei elegant töten zu können, war für die Mitglieder einer bestimmten sozialen Schicht unerläßlich. Die hervorragendsten Büchsenmacherfirmen machten den Herrschern auserlesene Gewehre zum Geschenk, auf denen jeweils ihr Wappen eingraviert war. Für Adlige, Großbürger, Geschäftsleute, Herrscher, Politiker, Künstler und andere bedeutende Personen des öffentlichen Lebens war es einfach ein Muß, ein Gewehr bedienen zu können. Wenn nötig, nahmen sie Schießunterricht, um sich nicht der Lächerlichkeit preiszugeben. Dank der Erfindung des rauchlosen Nitropulvers hatte das Schießen mittlerweile zum Glück eine seiner unangenehmen Seiten verloren.

Beruf: Büchsenmacher

Wie lebten in Europa zu Beginn des 20. Jahrhunderts die einfachen Arbeiter, die in der Waffenindustrie beschäftigt waren?

Die Produktion war vielseitiger geworden, und so waren in Frankreich zahlreiche spezialisierte Berufszweige entstanden: Laufmacher, Waffengraveur, Schäfter, Verschlußbauer und Schloßmachermeister.

Die Handwerker arbeiteten meist allein für sich in ihrer Werkstatt. Fotos von damals zeigen Männer im Kittel oder mit einer Schürze über ihre Werkbank gebeugt. Sie sind jung, tragen einen Schnäuzer oder Bart, haben Schirmmützen auf dem Kopf und leben in kleinen, nach Eisenfeilspänen, Fett und Waffenöl riechenden Ziegelhäusern mit einem Fenster zum Garten oder Hof.

Jeder Handwerker hatte seine spezifische Rolle im Fertigungsprozeß des Gewehrs, wobei der endgültige Zusammenbau wiederum von einem eigenen Spezialisten vorgenommen wurde. Wenn dieser mit der Arbeit fertig war, legte er die Gewehre in eine Schubkarre und brachte sie zur jeweiligen Verkaufsstelle. Die Männer in der Büchsenmacherindustrie führten meist ein kärgliches Leben, doch sie waren auch stolz auf ihre gute Arbeit und ihre Erfahrung, die sie in die Lage versetzte, Einpassungen bis auf ein Tausendstel Millimeter genau herzustellen.

Landestypische Traditionen

Landestypische Jagdtechniken übten jeweils einen starken Einfluß auf die Waffenherstellung aus. So haben etwa die Engländer, Spezialisten für Treibjagden sowie, zu Beginn des 20. Jahrhunderts, für Safaris in Ostafrika, Doppelflinten mit hervorragenden Schlossen und Büchsen für die Großwildjagd entwickelt. Die Firmen Purdey, Holland, Boss, Grant, Rigby und Westley-Richards haben sich auf Waffen für die Treibjagd spezialisiert sowie auf Flinten, mit denen man z. B. hervorragend über Kimme und Korn auf Fasane im Flug schießen kann.

Seitenschloßgewehre. Solche Waffen mit äußerst präzisem Verschluß- und Auslösemechanismus setzten bei den Jagdwaffen bald Maßstäbe.

Die Franzosen setzten andere Prioritäten. In Frankreich verbindet man die Jagd seit jeher mit einem zünftigen Ausflug aufs Land, weshalb dort schlichte, verläßliche, solide gebaute Modelle zu vernünftigen Preisen hergestellt wurden. Die Hersteller Verney-Carron, Gaucher, Bergeron und Boucher hatten damit großen Erfolg, und das »Robust«-Modell von Manufrance hat sich für die Niederjagd einen geradezu legendären Ruf erworben, insbesondere bei den Kolonisten in Übersee. Auch das Darne-Gewehr, das von Bruchet verbessert worden war, war durch seinen Gleitverschluß äußerst beliebt. Der einzige Nachteil dieser Waffe besteht darin, daß sie keinen Kipplauf besitzt.

Die Belgier haben schon immer eine erlesene internationale, sowohl von der Niederjagd als auch von der hohen Jagd begeisterte Kundschaft angezogen. Die Produkte der Firmen Francotte, Lebeau Courally und Defourny können sich neben den britischen Waffen durchaus sehen lassen.

Ob in der Welt der Mode, der Autos, der Lederwaren oder der Waffen: Die Italiener lieben die schönen Dinge dieser Welt und haben daher auf luxuriöse Waffenmodelle für eine begüterte Kundschaft aus aller Herren Länder spezialisiert.

Die Spanier stellen heute, nachdem sie lange Zeit Waffen von minderwertiger Qualität produziert haben, erstklassige Gewehre mit einem ausgezeichneten Preis-Leistungs-Verhältnis her.

Die Deutschen und die Österreicher sind Hochwildjäger, was sich auch in ihrer Waffenfabrikation widerspiegelt.

Die Amerikaner stehen noch immer ein wenig unter dem Einfluß des Wilden Westens. Eleganz und Verfeinerung sind nicht gerade ihre Stärke; was dagegen die Leistungsfähigkeit angeht, können es Gewehre von Weatherby, Winchester und Remington mit allen anderen aufnehmen.

Waffenbegeisterte, die ein edles Meisterstück erwerben wollen, wenden sich im allgemeinen nach Großbritannien oder Italien, wo man sich seit langem auf hochwertige und feine Modelle spezialisiert hat.

ENGLAND

Seit der Mitte des 19. Jahrhunderts übertreffen sich die englischen Büchsenmacher gegenseitig an Talent und Erfindungsreichtum. Die Firmen Purdey sowie Holland

Mit Hilfe solch einfacher Werkzeuge fertigen erfahrene Büchsenmacher wahre Wunderwerke an.

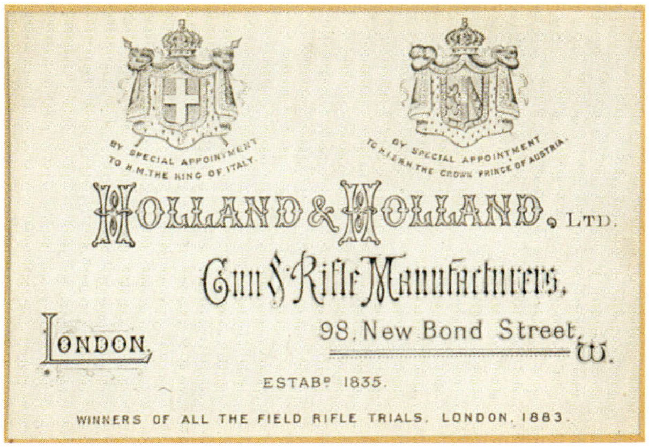

Holland & Holland, »Gun and Rifle Manufacturers«: Diese Firma bildet zusammen mit Purdey, ihrem ewigen Rivalen, die crème de la crème des englischen Büchsenmacherhandwerks.

& Holland sind zu den führenden Herstellern edler Meisterwaffen nach ruhmreicher britischer Tradition geworden.

Purdey

James Purdey (1784–1863) gründete den Betrieb, der seinen Namen trägt, während der Regierungszeit Georgs III. (1760–1820). Die alteingesessene Firma in der South Audley Street in London hat ihren Erfolg zu großen Teilen der königlichen Familie zu verdanken, die für ihre *grouse parties* (Moorschneehuhnjagden) ausschließlich Waffen von Purdey verwendet.

Im mit rotem Stoff bespannten *long-room*, einer feineren Variante des *show-room*, hängen wie Votivbilder zahlreiche Fotografien zufriedener Kunden an den Wänden.

Auf allen dort stattfindenden Gesprächen ruht der gravitätische Blick der Ahnen und Familienmitglieder der Purdeys, die von den jeweils besten Malern ihrer Epoche auf Porträts verewigt wurden. Jahr für Jahr, Jahrhundert für Jahrhundert, fasziniert das alte Haus in der South Audley Street mit seinen altmodischen Vitrinen, seinen kleinen Säulen, den Holzschnitzereien und steifen Verkäufern die *crème de la crème* der Jäger aus aller Welt. In diesem Tempel edler Meisterwaffen wird die feine englische Art bis zur Karikatur zelebriert.

Im Katalog werden nur zwei Arten der Gravur angeboten: *standard fine* vom Typ *fine rose and scroll* (zarte Rosen und Arabesken) – »die am häufigsten für unsere Gewehre verwendete«, wie es heißt –, sowie *Purdey extra finish* mit etwas größeren Arabesken.

Trotz ihrer Abneigung gegen jede Form der Modernisierung mußte die Firma sich wohl oder übel damit abfinden, auch Bockdoppelflinten in ihre Produktpalette aufzunehmen: Ein harter Schlag für die *traditions*, doch man konnte schwerlich auf diesen Marktanteil verzichten. Außerdem war die Firma Boss bereits seit 1909 mit gutem Beispiel vorangegangen.

LINKS: *Flinten von Holland & Holland: Von klassischen Gravuren mit frei gestalteten Rosenstraußmotiven bis zu goldenen Einlegearbeiten ist alles möglich - der Kunde ist König.*
VORHERGEHENDE SEITEN: *Siebenhundert Arbeitsstunden stecken in dieser Flinte von Granger, hergestellt anläßlich des zweihundertsten Jahrestages der Französischen Revolution. Bewundernswert: die feine Arbeit des Meistergraveurs M. Freycon.*

Bockdoppelflinten von Purdey gibt es in fünf Kalibern, von .410 bis 12. Man macht die zukünftigen Kunden bei der Bestellung darauf aufmerksam, daß die Herstellung einer Bockdoppelflinte mehr Zeit in Anspruch nimmt als die herkömmlicher Flinten, und daß infolgedessen mit längeren Lieferzeiten gerechnet werden muß. Purdey rät seinen Kunden, die Waffe jedes Jahr für eine Generalüberholung an die Firma zu schicken und fügt hinzu, daß die Kosten für diese Aktion erstaunlich gering im Vergleich zum Wert des Gewehres seien.

Die Firma Purdey nimmt auf dem Markt für Jagdwaffen eine Schlüsselstellung ein. Man kopiert und imitiert ihre Produkte und setzt raffinierte Marketingstrategien ein, um ihr Niveau zu erreichen, während sie selbst so fest im kollektiven weidmännischen Unterbewußtsein verankert ist, daß sie es nicht nötig hat, überhaupt Werbung zu betreiben, um ihre Vormachtstellung zu behaupten.

Holland & Holland

Für die Firma Holland & Holland, 1835 von Harris J. Holland (1806–1896) in London gegründet, gilt Ähnliches wie für Purdey. Schon bald nach ihrer Gründung belieferte die Firma die europäischen Fürstenhöfe mit der Ausrüstung für ihre weidmännischen Spielereien und erlaubte es Maharadschas und den Offizieren des britischen Empire, Tiger in Bettvorleger zu verwandeln. Holland erwarb sich einen ausgezeichneten Ruf auf dem Gebiet der großkalibrigen Jagdwaffen.

Es existieren eindrucksvolle Fotos aus der damaligen Zeit, auf denen Sir Vikar Ul Umra, Premierminister von Haiderabad, hinter drei Tigern sitzend zu sehen ist, die er innerhalb von fünfzehn Minuten getötet haben soll. Man brauchte schon solide Schultern und Unterkiefer, um die furchterregenden Büchsen vom Kaliber 4 handhaben zu können! Holland, Erfinder der Technik des sogenannten *self-opening* (automatisches Öffnen des Verschlusses), baute Jagdwaffen, die die höchsten Qualitätsstandards erfüllten. Nachdem er vorübergehend das Wagnis eingegangen war, ein erschwinglicheres Gewehrmodell zu bauen – das Cavalier –, nahm die Firma ihren ursprünglichen Kurs wieder auf. Im Gegensatz zur Firma Purdey, die das Licht der Öffentlichkeit scheut, zeigt sich Holland aggressiver, eröffnet Geschäfte in den größten Hauptstädten Europas und betreibt ausgiebig Öffentlichkeitsarbeit.

Holland strebt außerdem eine führende Position in der Technologie an, indem sie z. B. seit 1990 eine Bockdoppelflinte mit leicht abnehmbarem Schloß herstellen und dazu als Vorzeigemodell die Doppelbüchse »Royal« mit dem Kaliber .700 HH – eine Waffe, die einen Tyrannosaurus Rex niederstrecken könnte und die ungefähr 800 000 französische Francs (ca. 270 000 DM) kostet. Holland bietet doppelläufige Flinten mit typischem Schloß an sowie eine Büchse mit Kammerverschluß. In der englischen Firma wird jeder einzelne Schritt der gesamten Produktionskette durchgeführt, und es werden junge Handwerker ausgebildet, die auch in Zukunft für die Aufrechterhaltung der Qualitätsstandards sorgen sollen. An Arbeitsstunden wird nicht gespart, und jedes einzelne Werkstück wird akribisch so lange bearbeitet, bis jedes Teil perfekt paßt.

Holland & Holland machte u. a. durch aufsehenerregende Geschenke von sich reden. Die Firma beschloß 1965, der englischen Königin fünf ganz besondere Flinten (Kaliber 12, 16, 20, 28 und .410), speziell für sie angefertigt, als Geschenk zu überreichen. Die Herstellung dauerte drei Jahre und nahm die fähigsten Handwerker der Firma in Anspruch. Die Feinheit der Arbeit übertrifft jede Vorstellungskraft. Als sie fertig waren, fanden die außergewöhnlichen Stücke ihren Platz in einem kleinen, mit brasilianischem Rosenholz ausgekleideten Raum, um noch in den kommenden Jahrhunderten die Kunst der Firma Holland zu demonstrieren.

Der Respekt vor der Tradition hinderte diese jedoch nicht daran, auch riskantere Unternehmungen zu wagen. Larry Hagman, der als Hauptdarsteller in der Fernsehserie *Dallas* den unausstehlichen »J. R.« verkörperte, bestellte bei Holland ein Gewehr, das mit den Porträts der Darsteller aus der weltbekannten Serie geschmückt war. Dies verstieß zwar im Grunde gegen die Prinzipien, doch der britische Hersteller nahm die Herausforderung trotzdem gerne an.

FRANKREICH

Die französische Stadt Saint-Étienne war auf dem Gebiet der Waffenproduktion lange Zeit führend in Europa und belieferte alle namhaften Fürstenhöfe.

1516 wurde unter der Leitung des aus dem Languedoc stammenden Ingenieurs Virgile die Königliche Manufaktur für Radschloßvorderlader gegründet. Die

Flinten von Holland & Holland mit erhabenen Gravuren und goldenen Einlegearbeiten.

HOLLAND & HOLLAND
HOLLAND & HOLLAND

künstlerischen Ambitionen der Fabrik scheinen aus jener Epoche zu stammen. Während der Herrschaft Heinrichs III. (1574–1589) erwähnte ein Chronist einen in Saint-Étienne hergestellten Vorderlader, der ein wahres Wunderwerk an sorgfältiger Verarbeitung gewesen sein soll, mit seinen schräg geschliffenen, gerillten Läufen sowie kunstvollen Elfenbein-, Silber- und Perlmutteinlegearbeiten. Dies war der Beginn der langen und erfolgreichen Geschichte der Waffenproduktion in dieser französischen Stadt.

Eine Broschüre, die 1891 anläßlich einer Ausstellung herausgegeben wurde, steckt voller wichtiger Hinweise auf die Situation der damaligen Waffenindustrie. Der Wunsch nach einem neuen Aufschwung der Privatindustrie in Saint-Étienne wird darin ebenso erwähnt wie die Bemühungen der Hersteller, neue Modelle zu entwickeln. Zitiert werden u. a.: Brun, Latrige, Courally, die Manufacture française d'armes (Französische Waffenmanufaktur), Rivolier, Verney-Carron, Gaucher Bergeron, Darne, Preynat und die Waffensozietät von Saint-Étienne.

Diese Firmen bauten exzellente Waffen; u. a. verließen wunderschöne Jagdgewehre ihre Werkstätten. Ob Boucher, Maisonnial, Garnier, Blondeau oder Darne – all diese Marken sind ein fester Bestandteil französischer Jagdtradition.

Die Büchsenmacher, denen die Qualität ihrer Produkte am Herzen lag, produzierten nur geringe Stückzahlen. Ähnlich wie Juweliere konnte man sie fast schon als Künstler bezeichnen. Jeder von ihnen besaß seine eigene »Handschrift« und eine für ihn typische Art der Verarbeitung. Sie setzten die einzelnen Teile der Gewehre mit Hilfe einer Technik zusammen, die darin bestand, sie zuerst im Qualm einer Petroleumlampe zu schwärzen und sie erst dann zusammenzufügen, wenn beim Einpassen blanke Stellen im schwarzen Belag erschienen. Gewiß erlauben moderne Maschinen einen äußerst genauen Zusammenbau, doch viele Arbeitsgänge sind nur mit menschlicher Geschicklichkeit zu bewältigen, besonders Gravuren oder die Kontrolle des Holzes für einen Gewehrschaft.

Es gibt heute noch ungefähr zwanzig Büchsenmacher in Saint-Étienne, doch das Gewerbe stirbt allmählich aus, verdrängt von der industriellen Konkurrenz. Die Marke Granger erreicht nahezu dieselbe Qualität wie Purdey, bei wesentlich niedrigeren Preisen.

LINKS: *Seitenschloßgewehr, speziell gestaltet für Larry Hagman, den Hauptdarsteller der Fernsehserie »Dallas«.*
RECHTS: *Hahngewehr im Kaliber 10.*

HOLLAND & HOLLAND
98 NEW BOND STREET LONDON·W

Doch was hat in puncto Image die Marke Granger der berühmten Firma Purdey schon entgegenzusetzen? Obwohl bei beiden Herstellern das Holz von den besten Nußbäumen der Dordogne stammt, jedes Teil gewogen wird, um ein perfektes Gleichgewicht zu erzielen, das System der Schlosse dasselbe ist und die Gravuren ausschließlich von Hand ausgeführt werden. Und ein Meistergraveur wird sich stets die Zeit nehmen, die er braucht, um seine Motive fein wie Spitzen zu ziselieren.

Aimé Cœur Tyrode hatte 1902 die spätere Firma Granger am Cours Fauriel 66 in Saint-Étienne gegründet. 1913 meldete er seinen berühmten »Aiglon«-Verschluß zum Patent an. 1933 betraute man ihn mit der Herstellung eines Gewehres, das dem französischen Staatspräsidenten Albert Lebrun anläßlich seines Besuches in Saint-Étienne als Geschenk überreicht werden sollte. Georges Granger, seit über zwanzig Jahren Tyrodes Kompagnon, 1968 als Bester Arbeiter Frankreichs ausgezeichnet, seit 1978 Handwerksmeister, trat schließlich Lebruns Nachfolge an. Er benutzte nur den feinsten Stahl, dessen mechanische Qualitäten dahingehend getestet worden waren, ob sie den intensiven Belastungen bei der Verarbeitung zu Gewehren standhielten; außerdem verwendete er das schönste Holz für die Schäfte und gab kunstvolle Gravuren in Auftrag.

Für Waffen, die paarweise bestellt werden, muß man alle Teile wiegen, um zwei völlig identische Waffen zu erhalten, mit demselben Gewicht und Gleichgewicht. Die Seitenschloßgewehre von Granger beglücken jeden Jäger und sachkundigen Sammler, der einer Waffe ihren wahren Wert ansieht und sie nicht nur wegen des Markennamens kauft.

Einige französische Büchsenmacher stellen auch heute noch hochwertige Gewehre her. Doch die Entwicklung der industriellen Produktion und die Konkurrenz aus dem Ausland – Italien und Spanien – macht ihnen sehr zu schaffen. Manche, wie Verney-Carron, setzen auf Mechanisierung. Die Waffen von Verney-Carron erreichen zwar nicht die außergewöhnliche Langlebigkeit z. B. einer Beretta, und sie haben auch keinen Weltruf erlangt, doch in Frankreich ist die Firma bei der Jagdwaffenproduktion nach wie vor führend.

Das Unternehmen war 1820 von Claude Verney Carron gegründet worden, einem jungen Handwerker, dessen Talent ihm bei einem Wettbewerb für Waffenherstellung, den die Stadt Saint-Étienne ausgeschrieben hatte, den ersten Preis für eine Holzschnitzarbeit einbrachte. Die Firma Verney-Carron genießt seit jeher einen guten Ruf und lieferte schon immer qualitativ hochwertige Waffen, erwähnenswert z.B. das außergewöhnliche Gewehr, das der französische Staatspräsident Félix Faure bei ihr in Auftrag gegeben hatte. Die Leitung des Unternehmens wurde generationenlang vom Vater an den Sohn weitervererbt. Durch die Verbindung alter Büchsenmachertradition mit technischer Innovation konzentriert sich die Firma heute auf die industrielle Produktion, wobei sie technisch ausgereifte Waffen zu einem guten Preis-Leistungs-Verhältnis herstellt.

Ihre Kunden, meist traditionsbewußte Jäger, wissen die »Jubilés« und andere »Sagittaire«-Modelle zu schätzen; sie haben Vertrauen in die Produkte eines soliden französischen Unternehmens. Manche Hersteller erkunden auch neue Märkte, z. B. das Unternehmen René Chapuis. In diesem Fall mit großem Erfolg: Die Firma ist heute in Europa führend in der Herstellung von Doppel- und Bockdoppelbüchsen.

DEUTSCHLAND UND ÖSTERREICH

In Deutschland ist man auf die hohe Jagd spezialisiert. Die deutschen Büchsenmacher sind Meister in der Fabrikation von Büchsen im allgemeinen und Kipplaufgewehren im besonderen. In Deutschland besteht eine sehr alte Waffenhandwerkstradition. Die Stadt Suhl in Thüringen ist seit dem 16. Jahrhundert das wichtigste deutsche Zentrum der Waffenindustrie, vergleichbar mit Saint-Étienne in Frankreich oder Gardone in Italien. Die Jagdwaffen aus Suhl wurden schon am sächsischen Hof geschätzt. Die schönsten Exemplare kann man heute in der Prunkwaffensammlung des Historischen Museums von Dresden bewundern. Im Laufe der Jahrhunderte wurden zahlreiche Unternehmen gegründet. 1856 eröffnete Gottfried Anschütz, ein Büchsenmacher aus Zella-Mehlis in Thüringen, eine Fabrik, die noch heute seinen Namen trägt.

Die Waffen mit gezogenen Läufen der Firmen Steyr-Mannlicher, Sauer und Blaser haben internationale Maßstäbe gesetzt. Ferdinand Ritter von Mannlicher, 1848 in Mainz geboren, arbeitete sein Leben lang in der oberösterreichischen Stadt Steyr, einer Drehscheibe der österreichischen Waffenproduktion, an der Verbesserung seiner Büchsen. Mannlicher war einer der großen Konstrukteure seiner Zeit und ließ mehr als

Die Firma Verney-Carron produziert sehr gute Waffen, auch wenn sie nicht an die Berühmtheit der englischen Hersteller heranreicht. Ein »Jubilé«-Modell in Luxusausführung mit meisterhafter Gravur.

150 Patente registrieren. Die Firma Blaser wurde 1963 von dem Ingenieur Horst Blaser gegründet. 1985 hat sie ein anderer Ingenieur, Gerhardt Blenk, übernommen, der eine Büchse mit auswechselbaren Läufen zur firmeneigenen Spezialität machte, die Blaser R 93.

Als Verzierungen werden erhabene Gravuren in Form stark verschnörkelter Arabesken bevorzugt. Die Arbeiten sind von hervorragender Qualität, wirken aber im Vergleich zum Schmuck französischer oder britischer Waffen ein wenig zu aufwendig.

Österreicher und Deutsche sind Schöpfer genialer Erfindungen. Ferdinand Ritter von Mannlicher meldete 1887 ein Trommelmagazin für Repetierbüchsen zum Patent an. Paul Mauser stand ihm in nichts nach und erfand 1867 eine Kammer, die Maßstäbe setzte. Die Gebrüder Wilhelm und Paul Mauser erwarben 1872 die Fabrikanlage von Oberndorf, eine frühere königliche Waffenmanufaktur, und gründeten die berühmte Waffenfabrik Mauser. Auf der Basis des extrem robusten und verläßlichen Kammermodells 98 entwickelte die Firma eine große Bandbreite an Jagdbüchsen.

BELGIEN

Im Februar 1902 wurde der Amerikaner John M. Browning (1855–1926), ein großer magerer Kerl mit einem kleinen Schnurrbart, der wie ein Offizier der indischen Kolonialarmee aussah, im belgischen Herstal, einem Vorort von Lüttich, beim Sitz der berühmten Firma Fabrication Nationale (F. N.) vorstellig. Er präsentierte der Firmenleitung den Prototyp eines halbautomatischen Jagdgewehres, den er Winchester und Remington vergeblich angeboten hatte. Bei F. N. war man bereit, mit Browning zusammenzuarbeiten. Diese Episode war der Beginn einer erfolgreichen Geschichte.

In Herstal wurden nicht nur Selbstladewaffen hergestellt, sondern auch äußerst luxuriöse Gewehre, die es mit den schönsten britischen Stücken aufnehmen konnten. Eine wunderbare Doppelflinte mit Gravuren im Louis-seize-Stil wurde Marschall Montgomery für seinen Sieg bei El Alamein zum Geschenk gemacht. Fürsten und Könige, Stars und berühmte Sportler kamen nach Herstal, um die Qualitätsarbeit der dortigen Büchsenmacher zu bewundern – darunter auch der französische Staatspräsident Georges Pompidou (1969–1974), der einfach nicht widerstehen konnte, eines der Gewehre mit einem Kennerlächeln in die Hand zu nehmen. Das Aufkommen der Massenproduktionsweise und die Mechanisierung der Waffenherstellung sorgten im Unternehmen für viel Unruhe. 1990 übernahm die französische Gruppe Giat die Gruppe F. N. zu 90 Prozent. Wie in Saint-Étienne mußte man sich auch in Belgien anpassen, um den Anschluß an neue Entwicklungen nicht zu verlieren. Industriell gefertigte Bockdoppelflinten werden heute von der Firma Miroku in Japan hergestellt, denn auch im Bereich der Waffenfabrikation haben die Japaner ihr Talent unter Beweis gestellt. Obwohl dies für die legendäre F. N. einen Rückschlag bedeutete, wird die B 25 noch immer von Jägern in aller Welt hoch geschätzt.

USA

Winchester, Remington und Weatherby: Diese drei berühmten Marken prägen die Geschichte der amerikanischen Jagd.

Winchester

Die Winchester, ein infernalisch aussehender Unterhebelrepetierer, zählt zu den legendär gewordenen Büchsen, mit deren Vorläufern schon die Angriffe der Indianer zurückgeschlagen wurden. Sie war die Büchse der Cowboys und des großen Trecks nach Westen – eine rustikale Waffe, leistungsstark und unverwüstlich, ursprünglich als Gefechtswaffe gedacht, später für die Jagd auf Bisons im Staub der *great plains* verwendet.

Sie wurde von einem Amerikaner namens Walter Hunt erfunden, der nicht nur als Büchsenmacher kreativ war: Er erfand auch die Sicherheitsnadel und die Nähmaschine. Seine Büchse nannte er Volcanic. Trotz ihres eindrucksvollen Namens erregte sie kaum Aufsehen, so daß er sie schließlich an einen Hemdenfabrikanten in New Haven verkaufte, der Oliver F. Winchester (1810–1880) hieß und natürlich nicht ahnen konnte, daß sein Name eines Tages sprichwörtlich für amerikanische Büchsen werden würde. Winchester vertraute das Gewehr einem Mechaniker an, der Verbesserungen daran vornehmen sollte.

1866 kam die Winchester-Büchse schließlich in den Handel, und ihr war ein durchschlagender Erfolg beschieden. Noch heute werden viele gute Büchsen unter diesem Markenzeichen – sein Logo zeigt einen Reiter im gestreckten Galopp – vertrieben.

Weatherby

Roy Weatherby, ein Bauer aus Kansas, massig, stark und mit ausgezeichneten Reflexen, hätte durchaus Karriere

Solche »Darne«-Flinten, in Frankreich früher äußerst populär, werden heute nur noch in sehr begrenzten Stückzahlen hergestellt.

als Mittelgewichtsboxer machen können. Doch er beschäftigte sich lieber mit Munition, besonders mit *wild cats*, die er in South Gate (Kalifornien) in einer Ecke seiner Garage bastelte. *Wild cats*, Wildkatzen, war die Bezeichnung für die Prototypen einer Hochleistungsmunition. Nach diversen Versuchen hatte Weatherby eine kleine Patrone ausgetüftelt, die die Kugel mit 1250 m/s aus dem Lauf schleuderte, ein Weltrekord, der bis heute nicht gebrochen ist. Durch diese Leistung motiviert, machte sich Weatherby an die Entwicklung einer schwereren Kugel mit ähnlichen Eigenschaften für die Jagd auf Hochwild. So entstand die exzellente .300 Weatherby Magnum, für die sich französische Hochwildjäger am häufigsten entscheiden. Danach folgte die Entwicklung der Kaliber .378, .460 und vieler weiterer. Weatherby entwarf außerdem Büchsen, teilweise mit der Unterstützung und Mitarbeit europäischer Fabrikanten, sowie eine Kammer mit neun Zapfen, die praktisch unverwüstliche Mark 5.

Er gab einem Kaliber seinen Namen, das zu einer Standardgröße wurde, und hat dadurch ebensoviel Berühmtheit erlangt wie einige große Büchsenmacher.

Remington

Auch die Wurzeln der Remington liegen im Wilden Westen.

Die erste Remington-Büchse wurde 1827 von dem dreiundzwanzigjährigen Rotschopf Lite Remington angefertigt, einem exzellenten Schützen, der sich zur Verteidigung seiner selbst und seiner Familie ein verläßliches, solides und präzises Gewehr wünschte. Damals wurden die Siedler ständig von Indianerstämmen angegriffen. Ihre einfachen Gewehre gingen bei jedem zweiten Schuß gar nicht los, und ihre mit blanken Waffen sowie mit Pfeil und Bogen bewaffneten Gegner machten sich ihre Ortskenntnis zunutze und trugen so oft genug den Sieg davon.

»Lite« Remington, der aus einer Familie von Farmern und Händlern stammte und das Schmiedehandwerk erlernt hatte, gewann bei einem örtlichen Wettbewerb mit seinem selbst hergestellten Gewehr den zweiten Preis. Der Gewinner, ein Cowboy, der für sein gutes Augenmaß und seine Schnelligkeit bekannt war, fragte ihn, ob er sein Gewehr einmal ausprobieren dürfe. Er war davon so begeistert, daß er sofort ein gleiches Modell für sich bestellte. Remingtons Vater kam seinem Sohn zu Hilfe. Die beiden Männer nahmen Kontakt zu einem ortsansässigen Handwerker auf, Riley Rogers, und der kleine Betrieb ließ sich an den Ufern des Erie-Kanals nieder. Der Krieg war ihre große Chance, sich einen Namen zu machen. Als ein Waffenproduzent in Cincinnatti einen Auftrag der Regierung nicht erfüllen konnte, wandte man sich an Remington. Bald besaß die Firma eine Produktionskapazität von tausend Gewehren pro Monat. Die drei Söhne Remingtons begannen ebenfalls, im Betrieb mitzuarbeiten.

Jeder von ihnen besaß Eigenschaften, die für die Firma von Nutzen waren. Philo war Experte für Mechanik, Eliphalet ein ausgezeichneter Buchhalter und Sam ein gewitzter Verkäufer. Der Sezessionskrieg sorgte bei den Waffenfabrikanten für weiteren Aufschwung. Es wurde immer mehr Nachschub benötigt. Gewehre – insbesondere das berühmte Remington »Zouave« –, aber auch Revolver, Bajonette und alle Arten von Zubehör fanden Absatz. Der Firmengründer, Lite, starb kurz nachdem er einen Auftrag über zehntausend Gewehre erhalten hatte. Seine Söhne machten ihm zu Ehren das Unmögliche möglich und erfüllten den Auftrag, wobei sie u. a. neuartige Spezialmaschinen einsetzten.

Parallel zu den Gewehren widmete man sich bei Remington den Revolvern. Nachdem sie kleine Taschenrevolver für die Selbstverteidigung auf den Markt gebracht hatte, bot die Firma auch Trommelrevolver an, die den Ruf aller berühmten Helden, guten wie bösen, des Wilden Westens begründeten. Damals gab es zwei Standardkaliber: .44 und .36. Unter den berühmten Benutzern von Remington-Revolvern befanden sich Frank und Jesse James, Cole Younger und Bob Younger, und auch das Militär war mit Remingtons ausgestattet.

General Custer beglückwünschte die Büchsenmacher bei Remington mit folgenden Worten: »Ich traf Antilopen auf bis zu 250 Yards! Früher habe ich sie immer erst bei 150 Yards erwischt!« Custer besaß neben seinem Gewehr auch einen maßgefertigten Remington-Revolver, dessen Kolben Elfenbeinplättchen zierten, auf denen sein Porträt eingraviert war.

Der größte Erfolg der Firma Remington, der unauslöschlich mit dem Mythos des Wilden Westens verbunden ist, war die Repetierbüchse mit *rolling block-*

RECHTS: *Detail einer Granger-Gravur. Die klassische Arbeit steht den Verzierungen englischer Waffen in nichts nach.*

FOLGENDE SEITEN:
(Links) Belgische Bockdoppelflinte mit Jagdstückgravur.
(Rechts) Seitenschloßflinte von Lebeau-Courally.

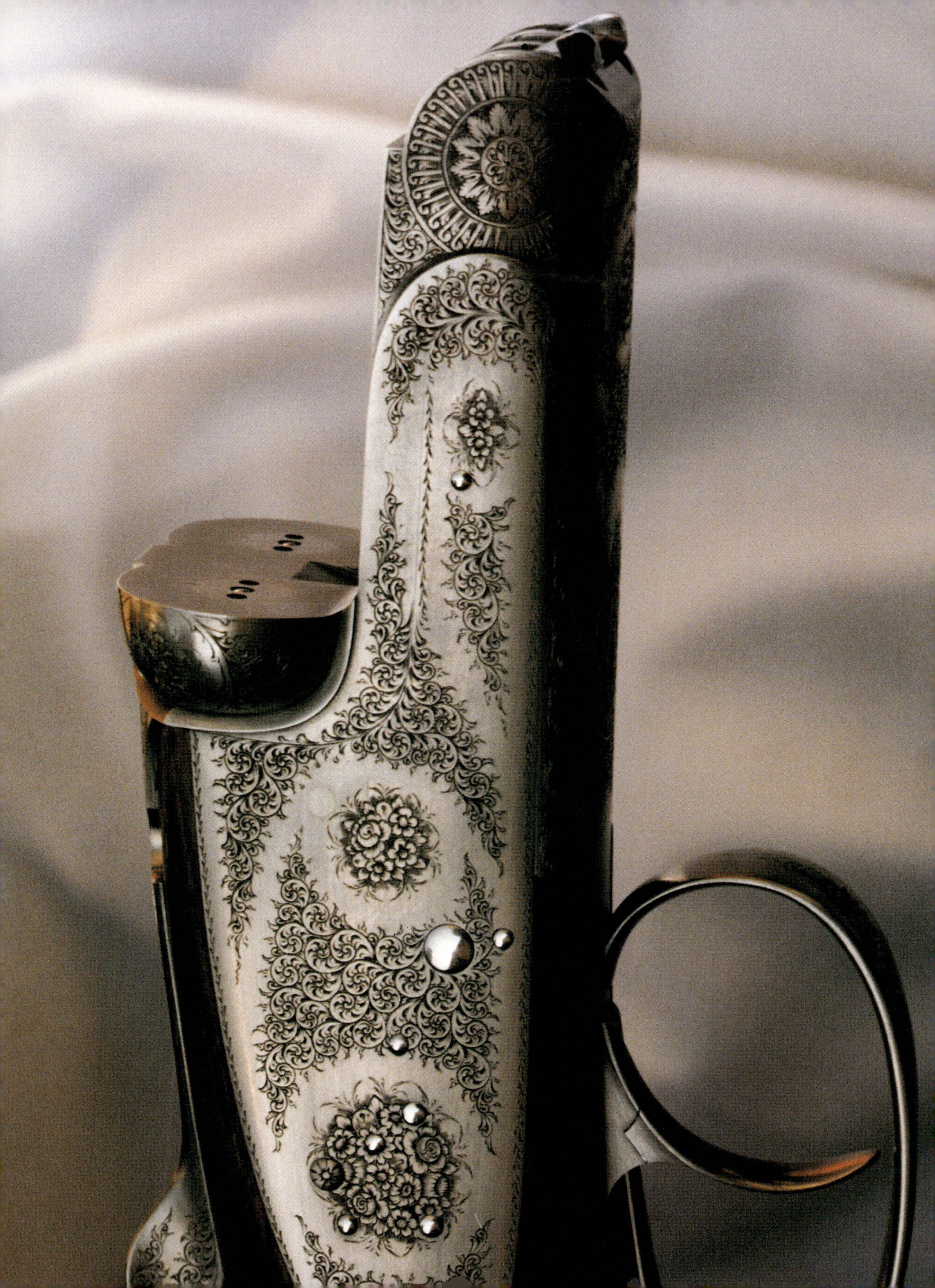

Verschluß, der eine bis dahin ungekannte Schußfrequenz erlaubte. Die Sioux-Häuptlinge Red Cloud und Crazy Horse zerbrachen sich vergeblich den Kopf darüber, wie die Bleichgesichter schießen konnten, ohne Zeit mit dem Nachladen zu verlieren.

Remington stellt bis heute gute Büchsen mit Kammerverschluß sowie Selbstladebüchsen her. Seit kurzem hat sich die Firma dem europäischen Markt angepaßt, indem sie eine Jagdbüchse auf den Markt brachte, die den spezifischen hiesigen Ansprüchen gerecht wird.

ITALIEN

In Italien gibt es zahlreiche Unternehmen, die Waffen produzieren. Darunter ist Beretta mit Abstand das älteste; alle Produktionszweige zusammengenommen, ist es sogar das älteste Industrieunternehmen der Welt. Beim Katasteramt wurde 1565 schriftlich festgehalten, daß ein gewisser Bartolomeo Beretta in Carcina, unterhalb von Gardone, einen Bauernhof mit Wohnhaus erwarb. Dieses Anwesen blieb zwei Jahrhunderte lang in Familienbesitz, was es den Berettas ermöglichte, auch während der Krisen, die das Tal regelmäßig heimsuchten, zu überleben und nicht emigrieren zu müssen.

Es waren, wie so oft, Kriege, die in den ersten Jahrhunderten des Bestehens der Firma für Absatz sorgten. Doch nachdem Beretta zunächst gezwungen gewesen war, den siegreichen napoleonischen Truppen Waffen zu liefern, gab es nach der Schlacht von Waterloo einen starken Umsatzrückgang. Der damalige Firmenchef Pietro Beretta begann daraufhin mit der Produktion von Sportwaffen.

Sein Sohn Giuseppe war ebenso vorausschauend wie sein Vater. Er erkannte die Exportchancen der Beretta-Produkte und schuf die Voraussetzungen für die Gründung einer internationalen Gesellschaft. Ein weiterer Pietro Beretta – er starb 1957 – führte technisch modernere Produktionsweisen ein. Unter seiner Führung erlebte die Firma Beretta eine beträchtliche Expansion.

Parallel dazu wurden die Werkshallen durch umfangreiche Modernisierungsmaßnahmen in eine leistungsfähige Fabrik des 20. Jahrhunderts verwandelt. Zweitausend Maschinen (viele davon computergesteuert) sowie zahlreiche automatisierte Arbeitsstationen sorgen für optimale Leistung.

Die Firma Beretta produziert praktisch alles, was es an Handfeuerwaffen gibt: Bockdoppelflinten sowie Doppelflinten für die Jagd und den Schießsport mit unterschiedlichen Kalibern und in verschiedenen Ausführungen, halbautomatische Gewehre (von Kaliber .22 Hornet bis 9 mm Parabellum), Maschinenpistolen, Armeegewehre sowie leichte Maschinengewehre. Beretta exportiert mehr als 60 Prozent seiner Produktion.

Die hervorragende Technologie brachte ihnen den Auftrag des Jahrhunderts ein. Nachdem es drei Jahre lang einen erbitterten Konkurrenzkampf zwischen den internationalen Waffenherstellern gegeben hatte, bekam die Firma in Gardone den Auftrag, die Faustfeuerwaffen für die amerikanischen Offiziere zu liefern.

Auch James Bond schwor übrigens auf seine Beretta.

In Italien werden nicht zuletzt edle Meisterwaffen hergestellt, beispielsweise von den Unternehmen Perrazzi, Fabri, Piotti, Abiatico und Salvinelli. Die Firma Cosmi bietet eine auf der Welt einzigartige halbautomatische Flinte an. Sie ist die einzige ihrer Art, die komplett aus Inox-Stahl gefertigt wird und sich wie ein klassisches *hammerless* kippen läßt. Die Firma Benelli wiederum hat sich auf dem Markt der Selbstladewaffen durchgesetzt.

SPANIEN

Die Spanier stellten lange Zeit nur mittelmäßige Waffen her, schlechte Kopien der Fabrikate berühmter Hersteller Nordeuropas. Doch in den 1970er Jahren trat diesbezüglich eine Wende ein.

In der Region um das nordspanische Eibar gibt es eine alteingesessene Büchsenmachertradition, und dort begannen einige Hersteller erfolgreich mit der Produktion von Qualitätsware. Heute kommen aus Arrieta und Arrizabalaga Waffen, die zwar nicht das hohe Niveau der britischen oder belgischen Fabrikate erreichen, sich aber ansonsten mit den besten messen können. Arrieta hat sich besonders auf die Fabrikation von solide gebauten Seitenschloßdoppelflinten spezialisiert, deren Verschlußsystem die Benutzer als recht praktisch empfinden.

RECHTS: *Westernfilme haben viel zur Berühmtheit von Unterhebelrepetierern, besonders Winchester-Stutzen wie diesem, beigetragen.*

FOLGENDE SEITEN: *Foto eines Jägers beim Reinigen seiner Waffen. Im Hintergrund afrikanische Trophäen, im Vordergrund Büchsen. Der Jäger scheint gerade im Begriff zu sein, eine recht ungewöhnliche Waffe wieder zusammenzusetzen.*

Die Herstellung*

Ein Stahlrohr, ein Schloßsystem und Holz, das Ganze richtig justiert: Fertig ist eine rudimentäre Waffe. Allerdings braucht es noch ein fünftes Element: das Talent des Herstellers.

Verschiedene Typen von Jagdgewehren

KIPPLAUFWAFFEN: Bezeichnung für Gewehre, deren Läufe sich um ein Scharnier bewegen, mit dem sie durch eine Verriegelung verbunden sind, und die beim Öffnen auskippen. In geöffnetem Zustand wird das Patronenlager zum Laden und Entladen freigegeben. Alle mehrläufigen Jagdgewehre, aber auch manche einläufigen Büchsen und Flinten sind Kipplaufwaffen. Hahngewehre gibt es kaum noch.

DOPPELBÜCHSEN: Kipplaufwaffen mit zwei nebeneinander liegenden, meist großkalibrigen Büchsläufen zur Bejagung von Hoch- und Großwild. Sie waren einige Jahrzehnte »aus der Mode«, verdrängt von der Bockdoppelbüchse. Heute sind sie wieder verstärkt am Markt zu finden.

DOPPELFLINTEN: Kipplaufwaffen mit zwei querliegenden Flintenläufen (Querflinte, auch »Zwilling«). Bei Kennern ist diese Art von Gewehr beliebt, besonders wenn es sich um hochwertige Ausführungen handelt – meist als Selbstspanner, aber auch als Hahnflinte.

BOCKDOPPELBÜCHSEN: Kipplaufgewehre mit zwei übereinander liegenden (»aufgebockten«) Kugelläufen.

BOCKDOPPELFLINTEN (BOCKFLINTEN): Kipplaufgewehre mit zwei übereinander liegenden (»aufgebockten«) Schrotläufen. Wurftaubenschützen haben diese Art von Gewehren, die sich schnell anlegen lassen, populär gemacht.

SEITENSCHLOSSGEWEHRE: Das Gewehrschloß befindet sich oft innerhalb des Verschlußkastens. Seitenschlosse sind seitlich in den Schaft eingelassene Schlosse für Kipplaufgewehre, deren Teile bis auf die Spannstangen und die Abzüge auf einem Seitenblech angeordnet sind.

SELBSTLADEWAFFEN (HALBAUTOMATEN): Mehrschüssige Waffen, bei denen nach dem Schuß das Öffnen des Verschlusses und damit das Auswerfen der Hülse, das Spannen des Schlosses, das Einführen einer neuen Patrone in das Lager und das Schließen des Verschlusses entweder durch nach rückwärts geleitete Pulvergase oder durch den Rückstoß ausgeführt wird (Gasdrucklader, Rückstoßlader). Bei den zur Jagd zugelassenen Selbstladewaffen handelt es sich immer um sogenannte Halbautomaten (im Gegensatz zu automatischen Waffen), bei denen vor jedem Schuß der Abzug erneut durchgezogen werden muß.

KALIBER: Bei Schrotpatronen gilt als Kalibermaßstab die Anzahl kalibergroßer Kugeln aus reinem Blei, die auf ein englisches Pfund gehen. Kaliber 12 entspricht also etwa dem Durchmesser von zwölf gleich großen Bleikugeln, die zusammen ein Pfund wiegen; Kaliber 20 ist entsprechend kleiner. In Frankreich kommen Kaliber 12, 16 und 20 am häufigsten vor, wobei davon wiederum 12 am beliebtesten ist.

Bei gezogenen Läufen für Kugelpatronen unterscheidet man das Bohrungs- bzw. Felderkaliber und das Zugkaliber. Die tatsächlichen Kalibermaße (Zug-, Feld- und Geschoßdurchmesser) müssen nicht unbedingt der nominellen Kaliberbezeichnung entsprechen, was immer wieder zu Verwechslungen führt.

DAS RICHTIGE GEWICHT: Im großen und ganzen kann man eine Flinte mit Kaliber 12 und einem Gewicht von 2,8 kg als sehr gute Waffe bezeichnen. Das Gewicht bei Kaliber 20 liegt mit 2,4 kg etwas niedriger. Man sollte ein Gewehr jedoch nicht zu leicht wählen, da der Rückstoß bei leichten Waffen stärker ist und sie das Mitschwingen erschweren.

DIE MUNITION: Jagdflinten werden mit Schrotpatronen geladen. Die Schrotstärke (Durchmesser der einzelnen Schrotkörner) richtet sich nach dem Verwendungszweck. Für die Jagd werden in der Regel Schrotstärken von 2,5 mm (»Hühnerschrot«), 3 mm (z. B. auf Fasane, Enten) und 3,5 mm (»Hasenschrot«) benutzt, ausnahmsweise auch 4 mm (Winterfuchs, Dachs). Feine Schrote unter 2 mm (»Vogeldunst«) und grobe Schrote über 4 mm (Posten) sind nicht mehr gebräuchlich; auf Gesellschaftsjagden sollten aus Sicherheitsgründen möglichst keine stärkeren Schrote als 3 mm verwendet werden. Die Schrotstärken werden z. T. auch nach Nummern bezeichnet, die länderweise verschieden sind, so daß man sich besser nach den mm-Maßen orientiert, um Verwechslungen zu vermeiden. (Gängige deutsche Schrotnummern: 7 = 2,5 mm; 5 = 3 mm; 3 = 3,5 mm; 1 = 4 mm.)

Die verschiedenen Produktionsschritte

DIE LÄUFE

Für das Handwerk des Büchsenmachers waren lange Zeit Schmiede und Feile die wichtigsten Hilfsmittel. Früher wurden die Läufe aus dünnen Eisenbändern hergestellt, die der Schmied und sein Gehilfe um einen Dorn

* *Quellen d. fachlichen Definitionen: Jagdlexikon 1983; Nüßlein 1980; Richter 1980. Bibliographische Angaben s. Anhang.*

wickelten und glühend hämmerten (sog. Damastläufe). Auf diese Weise konnten vier Jagdgewehrläufe pro Tag fertiggestellt werden. Danach kamen die Läufe in die Werkstatt, wo sie auf einer speziellen Werkbank ausgebohrt wurden. Bei gezogenen Läufen für eine Büchse wurden auf der Drehbank die gewundenen Züge und Felder eines nach dem anderen in das Innere des Laufs eingefräst. Danach wurden die Läufe von den entsprechenden Handwerkern fertiggestellt, zusammengeschweißt und für die Montage des Verschlußkastens vorbereitet.

Der Lauf ist der wichtigste Teil eines Jagdgewehrs. Das dafür verwendete Metall muß zugleich widerstandsfähig und elastisch genug sein, um den beträchtlichen Gasdruck zu absorbieren, der beim Schuß frei wird. Man benutzt dafür sogenannten Laufstahl (55 bis 64 kg Widerstand pro cm^2 bzw. 65 bis 72 kg Widerstand pro cm^2). Der französische Hersteller Breton entwickelte ein Gewehr, dessen Läufe aus Duraluminium bestehen, doch dies ist bisher eine Ausnahme.

Das Innere eines Laufs beinhaltet: den Patronenauswerfer, in den sich der Rand der Patrone einfügt, das Patronenlager, in das die Patrone eingeführt wird, den Verbindungskonus zur Seele, die Seele, den zylindrischen Teil des Laufs sowie die Würgebohrung, den verengten Teil des Laufs, mit der man eine größere Tragweite ermöglicht. Der Laufmacher bringt die Stahlrohre zuerst auf den gewünschten Durchmesser, führt dann die Bohrung aus und richtet die Läufe anschließend gerade. Die äußere Oberfläche des Laufs wird durch Brünieren, d. h. durch Oxidation des Stahls, gegen Rost geschützt.

Wenn die Läufe fertig sind, werden die Laufschiene und die Laufhaken angebracht. Ein Handwerker poliert die Läufe und verleiht ihnen die entsprechende, vom Kunden gewünschte Würgebohrung (Choke). Die Würgebohrung – die Verengung des Laufs vor der Mündung – dient dazu, die Reichweite der Waffe zu erhöhen und die Schrote besser zusammenzuhalten. Teilweise sind die Innenwände der Läufe verchromt, was jedoch den Nachteil hat, daß spätere Änderungen, etwa die Erweiterung der Bohrung, nicht möglich sind. Die Länge der Läufe liegt zwischen 68 und 80 cm. Je länger der Lauf, desto präziser kann man mit ihm schießen, jedoch erhöht sich mit der Lauflänge zugleich auch das Gewicht der Waffe. Als klassische Längen bei Flinten haben sich z. B. 70–76 cm bewährt.

Flinten von Perazzi, einer italienischen Firma, gehören zu den edlen Meisterwaffen, die jeder Sammler gern eines Tages in seinem Waffenschrank hätte.

DER VERSCHLUSS

Verschlußeinrichtungen haben den Zweck, das Patronenlager hinten abzuschließen, die Teile des Schlosses aufzunehmen und die Verbindung zum Schaft herzustellen. Man unterscheidet nach der Bauart Kipplaufverschlüsse, Verschlüsse für Einzel- und Mehrlader mit feststehendem Lauf und Verschlüsse für Selbstladewaffen. Der Verschluß enthält außerdem den Patronenauszieher oder Patronenauswerfer. Die exakte Anpassung der Läufe und des Verschlusses ist ein schwieriger Herstellungsschritt. Die Büchsenmacher wenden dabei die »Rußtechnik« an: Mit einer Kerzenflamme schwärzen sie das Verbindungsstück zwischen Läufen und Verschluß. Wenn beide Teile aneinander reiben, wird an der entsprechenden Stelle der Ruß weggewischt. An dieser Stelle muß also nachgefeilt werden, damit das entsprechende Teil genau paßt. Das Verschlußgehäuse wird vom Graveur häufig mit mehr oder weniger aufwendigen Motiven verziert, je nach Kategorie der Waffe. Die schlichtesten und am meisten verbreiteten Gravuren sind Rosenstraußmotive. Diese Standardverzierung, die auf britische Hersteller zurückgeht, hat sich bei Liebhabern edler Waffen durchgesetzt, jedenfalls in Europa. Wohlhabende Amerikaner dagegen bevorzugen häufig phantasievollere Darstellungen, ein Porträt ihres Hundes zum Beispiel.

DER SCHAFT

Der Schaft ist neben Lauf und Verschlußeinrichtung wesentlicher Bestandteil des Jagdgewehrs. Er verbindet die einzelnen Bauteile der Waffe und ist wichtig für die Handhabung. Bei Jagdgewehren besteht er meist aus Nußbaumholz, selten aus anderen Hölzern oder auch aus Kunststoff. Wertvolle Waffen haben häufig einen »Wurzelmaserschaft« aus Nußbaumholz. Bei Luxusgewehren, die meist paarweise bestellt werden, ist es üblich, zwei Schäfte aus einem Stück Holz zu schnitzen, um bei beiden eine identische Maserung zu erhalten. Die Wege, die das Wasser im Stamm nimmt, zeichnen sich in Form von Adern ab, und Kenner achten sehr genau auf die Ästhetik dieser Maserungen und versuchen, so schöne Motive wie möglich zu bekommen. Ein auf die Herstellung von Kolben spezialisierter Handwerker, der Schäfter, schnitzt die Schäfte aus dem rohen Holz und gibt ihnen ihre endgültige Form. Wichtig ist, daß der Verschluß mit all seinen kleinen Metallvorsprüngen perfekt darauf paßt.

Die Form des Schaftes richtet sich nach den Wünschen des Kunden. Es gibt verschiedene Schaftformen: Der Normalschaft oder Deutsche Schaft mit geradem Rücken, Pistolengriff und Backe, der Buckel- oder Schweinsrückenschaft mit leichter oder stärkerer Krümmung des Schaftrückens und der Englische Schaft ohne Backe und ohne Pistolengriff sind die bekanntesten Modelle.

Der Schaft erfährt durch die Fischhaut (mit feilenartigen Werkzeugen eingeschnittene Rauhung an Pistolengriff und Vorderschaft) sowie Verschneidungen (Schnitzereien) und Einlagen eine Wertsteigerung. Schäfte werden geschliffen oder lackiert, wobei die einzelnen Lackschichten mit einem Tampon aufgetragen werden.

DER BESCHUSS: SICHERHEITSGARANTIE FÜR DEN WAFFENBESITZER

Eine Waffe ist per definitionem gefährlich. In dem Augenblick, in dem sich der Schuß löst, entsteht in den Läufen ein so hoher Gasdruck, daß sie platzen würden, falls sich ein Fabrikationsfehler eingeschlichen hätte oder Risse im Stahl vorhanden wären. Die Geschichte der Waffenfabrikation ist daher eng mit der der Beschußämter verknüpft. Gleichviel, ob es sich um eine Kriegswaffe oder um ein Jagdgewehr handelt: Neben der größtmöglichen Leistung muß auch die größtmögliche Sicherheit gewährleistet werden, was nur durch die Erprobung unter deutlich höheren Belastungen geschehen kann, als sie üblicherweise auftreten.

»Alle Waffen bzw. die wesentlichen Teile einer Waffe müssen von einer staatlichen Stelle (Beschußamt) dem Beschuß unterzogen (›beschossen‹) werden, bevor sie (z. B. zur Jagd) geführt werden dürfen. Unter Beschuß versteht man die Überprüfung auf Haltbarkeit und Funktionssicherheit, was eine Kontrolle z. B. der Patronenlagermaße usw. mit einschließt. Konnten keine Fehler festgestellt werden, erhält die Waffe Beschußzeichen, ohne die sie nicht den Unfallverhütungsvorschriften entspricht und die Berufsgenossenschaft bei Unfällen nicht zahlt.« (Jagdlexikon 1983). Trotz eines ordnungsgemäßen Beschusses kann es jedoch passieren, daß ein Lauf explodiert, z. B. wenn er von einem Erd- oder Schneepropfen verschlossen oder Munition eines kleineren Kalibers in die Kammer geraten ist.

In Frankreich hat sich das Beschußamt in Saint-Étienne als neutrale, unparteiische, nicht der Kontrolle der Hersteller unterliegende Instanz im Laufe der Jahrhunderte einen Namen gemacht. In Deutschland gibt es mehrere Prüfämter.

Die Überprüfung von Feuerwaffen war spätestens ab dem 15. Jahrhundert üblich, wenn nicht sogar schon früher. Lange Zeit waren die Waffen jedoch nur von den Herstellern selbst kontrolliert worden. Ab ca. 1700 wurde der Beschuß in Frankreich zur Pflicht und oblag den königlichen Beschußkontrolleuren. Die Händler protestierten gegen zu harte Auflagen: Da die handelsüblichen Waffen viel leichter seien als Kriegswaffen, sollten sie auch weniger strengen Prüfbedingungen unterworfen werden. Nach der Französischen Revolution wurde die Pflicht zum Waffenbeschuß in Frankreich abgeschafft. Die Büchsenmacher jedoch verlangten erfolgreich die Wiedereinführung. Der Beschuß war bis zum Jahr 1885 Pflicht, als per Gesetz alle Beschränkungen für die Herstellung von Freizeitwaffen aufgehoben wurden. 1895 trat in Frankreich die Pflicht zur Waffenprüfung allerdings wieder in Kraft. Die Institution des Beschußamtes erwies sich im Laufe der Jahre als so sinnvoll, daß

Seitenschloßgewehr von Pedro Arrizabalga, Modell »Especial De Luxe«. Die spanische Büchsenmacherkunst hat enorme Fortschritte gemacht und bringt heute Produkte von hoher Qualität hervor.

ab dem Jahr 1960 wieder alle Handfeuerwaffen der Beschußpflicht unterlagen. Da alle Waffen mit glatten oder gezogenen Läufen beschossen werden müssen, erstreckt sich die amtliche Kontrolle über die gesamte Produktion.

Das Beschußzeichen auf dem erfolgreich getesteten Lauf hat sich in Frankreich seit einem Jahrhundert nicht verändert. Es zeigt das Stadtwappen von Saint-Étienne mit der Inschrift »St.-Étienne«. Das Zeichen wird nach dem normalen Test einfach aufgeprägt, nach zweifachen Tests doppelt und dreimal für eine dreifach getestete Waffe. Dieses Beschußzeichen hat zum guten Ruf der Waffen aus Saint-Étienne ganz entscheidend beigetragen.

In Frankreich kann sich der Fabrikant für den Beschuß einer fertigen Waffe zwischen verschiedenen Tests entscheiden. Für Waffen vom Kaliber 12, die am häufigsten verkauft werden, gibt es den normalen Beschuß mit rauchlosem Nitropulver, der bei einem Minimumdruck von 900 Bar Crusher bzw. 960 Bar Piezo ausgeführt wird, oder den verstärkten Beschuß bei einem Minimumdruck von 1200 Bar Crusher bzw. 1370 Bar Piezo, der in erster Linie bei Gewehren angewandt wird, die für Spezialpatronen, sogenannte Hochleistungsmunition, ausgelegt sind.

Bei normaler Jagdmunition darf der Druck 740 Bar Piezo nicht überschreiten, bei Hochleistungsmunition 1050 Bar Piezo. Wenn man diese Drücke mit den oben angegebenen vergleicht, erkennt man, daß die Sicherheitsmarge sehr groß ist.

Die französischen Experten gehen vorsichtig und sorgfältig zu Werk. Die Überprüfung einer Waffe reduziert sich nicht auf einen Schuß bei einem bestimmten Druck. Ein vereidigter Kontrolleur überprüft die Waffe und schickt jedes Exemplar an die Fabrik zurück, dessen Läufe Herstellungsfehler aufweisen (etwa eingedrückte Stellen, Risse im Metall, etc.), die vor dem Verkauf der Waffe behoben werden müssen, oder auch Verformungen, die durch die Tests aufgetreten sind, sowie Mängel am Verriegelungsmechanismus oder dem Verschlußsystem.

Gravuren: Die Miniatur als große Kunst

Die Kunst des Waffengraveurs besteht darin, auf einer kleinen Metalloberfläche jedes beliebige Motiv zu reproduzieren. Die Gravur verleiht einer Flinte oder Büchse erst ihre ganz persönliche Note. Die Wünsche der Kunden, besonders bei Luxuswaffen, sind sehr unterschiedlich. Sie reichen von der Darstellung einer großen Schlacht über ein Familienporträt oder einen Fernsehstar bis zum Bild eines Politikers. Alles ist möglich.

Bei Browning im belgischen Herstal haben Graveure sogar den Sturm auf die Bastille auf dem Verschlußgehäuse eines Gewehres dargestellt. Es gibt nur wenige gute Waffengraveure; sie arbeiten mit der gleichen Präzision wie Uhrmacher und benutzen dabei winzige Hämmer und Meißel, mit denen sie mit sicherer Hand Motive in das Metall einritzen. Dabei darf ihnen kein einziger Fehler unterlaufen.

Manchmal arbeiten die Waffengraveure mit einer Uhrmacherlupe vor dem Auge, mit der sie Details wahrnehmen können, die für das bloße Auge unsichtbar sind. Es gibt Jagdstückgravuren und Arabeskengravuren, und diese werden wiederum in »deutsche« und »englische« unterteilt. Bestimmte klassische Gravuren, etwa das Motiv der berühmten *roses and scrolls* (Rosen und Arabesken), haben entscheidend zum guten Ruf der englischen Waffen beigetragen. Es handelt sich dabei um wunderbare, sehr feine Arbeiten, die aus Dutzenden kleiner Rosen und eng ineinander verschlungener Arabesken bestehen. Die deutschen Gravuren sind weniger fein, häufig als erhabene Gravuren plastisch herausgearbeitet.

Man kann die Verzierungen auch mit goldenen Einlegearbeiten versehen. Diese entsprechen zwar nicht unbedingt klassischen Vorgaben, doch wohlhabende Sammler verlangen oft danach, wenn sie eine hochwertige Waffe erwerben. Die schönsten Gravuren sind meist signiert, was der Waffe ein noch höheres Prestige verleiht. Bei Gravuren von Vandormael, Kenneth Hunt, Vrancken oder Yvan Thierry handelt es sich um wirkliche Kunstwerke mit stets außergewöhnlich zarten Details und Kompositionen.

Die Wahl der richtigen Waffe

Die Wahl einer Flinte oder Büchse hängt von zahlreichen Kriterien ab: von der ausgeübten Jagdtechnik über die Persönlichkeit des Jägers bis zum Budget, das zur Verfügung steht. Die Waffe trägt viel zum Vergnügen an der Jagd bei, doch kann sie – wenn auch viele Jäger dieser Ansicht sein mögen – aus einem mittelmäßigen Jäger keinen Champion machen.

Bevor man sich entscheidet, muß man sich darüber im klaren sein, welche Jagdart man bevorzugt, ob Treibjagd, Stöberjagd, Feld-, Sumpf- oder Schnepfenjagd.

Denn die Jagdart bestimmt die Art der Waffe, die dafür am besten geeignet ist. Alle Marken bieten verläßliche Gewehre an; Jagdunfälle sind äußerst selten geworden. Eine wichtige Rolle spielt auch die Bequemlichkeit des Jägers. Traditionelle Jäger neigen eher zu Doppelflinten, andere wieder bevorzugen Bockdoppelflinten, Schützen dagegen wählen oft Selbstladewaffen. Langläufige Flinten (76 cm), die häufig bei der Treib-

Rechts: *Dieses Seitenschloß wird in ein fein von Hand gearbeitetes Lager eingepaßt. Die Qualität der Einpassung macht die hochwertige Waffe aus.*

Folgende Seiten: *Bei der Laufherstellung (hier bei Holland & Holland) werden aus einfachen Stahlstäben Gewehrläufe gefertigt. Beim Büchsenmacherhandwerk spielen nach wie vor Schmiede und Feile eine Hauptrolle. Die Läufe werden von einem Spezialisten geschweißt. Einen von ihnen sehen wir hier in der Werkstatt bei der Arbeit.*

41074

C 8
Chene TC

Dem Beschußamt von Saint-Étienne haben französische Jagdwaffen in punkto Sicherheit viel zu verdanken.

oder Wasserjagd eingesetzt werden, sind für den klassischen Jäger weniger geeignet, ebenso wie zu stark verengte Chokebohrungen. Die ideale Jagdflinte sollte Läufe mit einer Länge von 66 cm haben, und zwar mit zwei glatten Läufen, davon einen mit Zylinderbohrung und einen mit Halbchoke.

Bleibt noch die Frage des Gewichtes. Ein leichtes Gewehr bietet zahlreiche Vorteile bei der Jagd auf Kaninchen, Waldschnepfen und Bekassinen, wobei man sehr schnell schießen muß. Die Jagd auf anderes Kleinwild dagegen, bei der das richtige Mitschwingen entscheidend ist, erfordert relativ schwere Gewehre (um die drei Kilo), die die Bewegung unterstützen. Viele Jäger lassen sich zum Kauf von leichten oder sogar ultraleichten (*ultra light*) Modellen verleiten, deren Gewicht zwei Kilogramm kaum überschreitet. Dabei sollte man jedoch bedenken, daß bei leichten Flinten der Rückstoß um so härter ist. Am besten schießt es sich mit einer »normal« schweren Flinte im Kaliber 12. Sehr leichte Gewehre sind ideal für einen Schnepfenjäger, der auf der Jagd nur wenige Patronen verbraucht, doch nicht für einen Treibjäger, der mehrere Dutzend Patronen hintereinander verschießen muß.

Patronenauswerfer, bei Luxuswaffen selbstverständlich, sind für Treibjagden interessant, wo die Schußfrequenz sehr hoch ist. Für die Stöberjagd sind sie jedoch nutzlos, wenn nicht sogar störend, vor allem dann, wenn der Auswerfer sich verklemmen sollte.

RECHTS: *Es reicht nicht, nur die Läufe zu begutachten, um die Sicherheit einer Jagdwaffe zu gewährleisten. Sie können z. B. nachpoliert worden sein.*

VORHERGEHENDE SEITEN: *Der Preis besonders schöner Wurzelmaserholzstücke für den Schaft einer edlen Waffe kann ebenso hoch liegen wie der einer kompletten, industriell gefertigten Waffe. Die Arbeit der Schäfter trägt entscheidend dazu bei, die Maserung richtig zur Geltung zu bringen.*

Jäger, die sich für eine bestimmte Waffe auch unter ästhetischen Aspekten entscheiden, legen Wert auf die Qualität des Schaftholzes. Am wichtigsten sind jedoch die erstklassige Qualität des Stahls und der Verarbeitung, denn das Gewehr sollte nicht nach kurzer Zeit schon Mängel aufweisen. Außerdem muß der gesamte Mechanismus resistent gegen Stöße und Feuchtigkeit sein, damit die Waffe unter allen Umständen verläßlich bleibt.

Es gibt neue Modelle mit kurzen glatten Läufen, die breit gestreute Geschoßgarben hervorbringen. Der Garbendurchmesser auf eine Entfernung von unter fünfzig Metern ist dabei wesentlich größer als der einer Waffe im klassischen Kaliber.

Diese Gewehre bezeichnet man in Frankreich als Schnepfenflinten (*bécassiers*). Amerikanische Pump Guns vom Typ »Riot Gun« sind ebenfalls für Jagdzwecke geeignet: Sie können sehr erfolgreich für die meisten Bereiche der Niederwildjagd eingesetzt werden. Doch sollte man ihnen kein zu großes Vertrauen entgegenbringen, sonst gerät man in Versuchung, zu schnell zu schießen, ohne sich die nötige Zeit zu nehmen, zu überlegen und sich wirklich auf den Schuß zu konzentrieren. Doch im allgemeinen sind die Erfolgschancen mit diesem Waffentyp wesentlich größer als mit Treibjagdwaffen, die nur für die Jagd auf fliegende Fasane oder die Entenjagd gedacht sind, bei denen es nicht auf große Reichweite ankommt.

Was die verschiedenen Kaliber betrifft, so ist das Kaliber 12 inzwischen international am meisten verbreitet. Viele Experten sind sich darüber einig, daß es für die Jagd am besten geeignet ist. Der Erfolg dieses Kalibers ist so groß, daß Hersteller, die eigentlich bedingungslose Anhänger der Doppelflinte sind, etwa die renommierten Firmen Holland und Holland oder Purdey, auf seine Herstellung nicht mehr verzichten können. Unter ästhetischen Gesichtspunkten gesehen ist die Doppelflinte schöner, doch offenbar sind Bockdoppelflinten leistungsfähiger, d. h. effektiver beim Töten des Wildes. Außerdem liegen sie besser in der Hand, da die langen Schäfte wirklichen Komfort garantieren.

Heute sind die meisten Gewehre mit 70-mm-Patronenlagern ausgerüstet, um moderne, leistungsfähige Munition abfeuern zu können. Die Lager, in die man die Patronen einführt, sind daher länger als die älterer Gewehre, die meist für 65 mm ausgelegt sind.

Die Wahl des Schaftes hat eher ästhetische Gründe, da er kaum Einfluß auf das Schießen hat. Wohlhabende Waffenliebhaber zögern jedoch nicht, für hochwertiges Holz ein Vermögen auszugeben.

Im Grunde kann man jedes Gewehr als »gut« bezeichnen, das seinem Benutzer Freude bereitet. Eine zuweilen allerdings recht vorübergehende Freude: Ein Jäger mag jahrelang von seiner Waffe begeistert gewesen sein, dennoch kann er sie von heute auf morgen in die Ecke stellen, sobald ein anderes Modell seine Leidenschaft weckt.

Die Wahl der Büchse

Büchsen haben sich im wesentlichen auf dieselbe Weise entwickelt wie Jagdflinten. Sie besitzen gezogene Läufe, die die Präzision des Projektils erhöhen.

Flinten mit glatten Läufen haben den Vorteil, in einer begrenzten Anzahl von Kalibern hergestellt zu werden. Bei den Büchsen hingegen gibt es unzählige verschiedene Kaliber. Seit jeher plagen sich die Entwickler damit herum, das ideale Kaliber herauszufinden. Eine Schrotgarbe kann Niederwild auf dreißig Meter ohne weiteres tödlich treffen, doch Hochwild ist wesentlich widerstandsfähiger, und man muß es daher schwerer treffen. Da Jäger es jedoch verabscheuen, Wild unnötig stark zu verletzen, grübeln sie über die Schnelligkeit von Geschossen, ihr Gewicht, den Schockeffekt etc. nach. Was für ungefährliches Wild wie Hirsche oder Rehe fast bedeutungslos ist, kann bei Schwarzwild lebenswichtig werden, da ein angeschossenes Wildschwein den Jäger töten kann. Büchsen sind damit auf Kilometer hinweg gefährlich. Ausgestattet mit einem Zielfernrohr, können sie Hochwild auf eine Entfernung von zweihundert Metern tödlich treffen.

Im Prinzip ist jedes Kaliber für eine bestimmte Wildart geeignet. So schießt man auf Rehe, Füchse und Gemsen mit kleinem Kaliber, während die großen Kaliber für Hirsche, Schwarzwild und afrikanisches Großwild bestimmt sind.

In bezug auf Kaliber ist auch die Jagd gewissen Modeerscheinungen unterworfen. Ein Kaliber wie z. B.

RECHTS: *Waffengraveure lieben häufig phantasievolle Motive: Picknickszene aus der Belle Époque (oben) und Pferderennen (unten).*
VORHERGEHENDE SEITEN: *Das Gravieren (links). Seltenes Stück (rechts): ein »Herculéan« im (heute verbotenen) Kaliber 4 von Holland & Holland.*

HOLLAND
&
HOLLAND

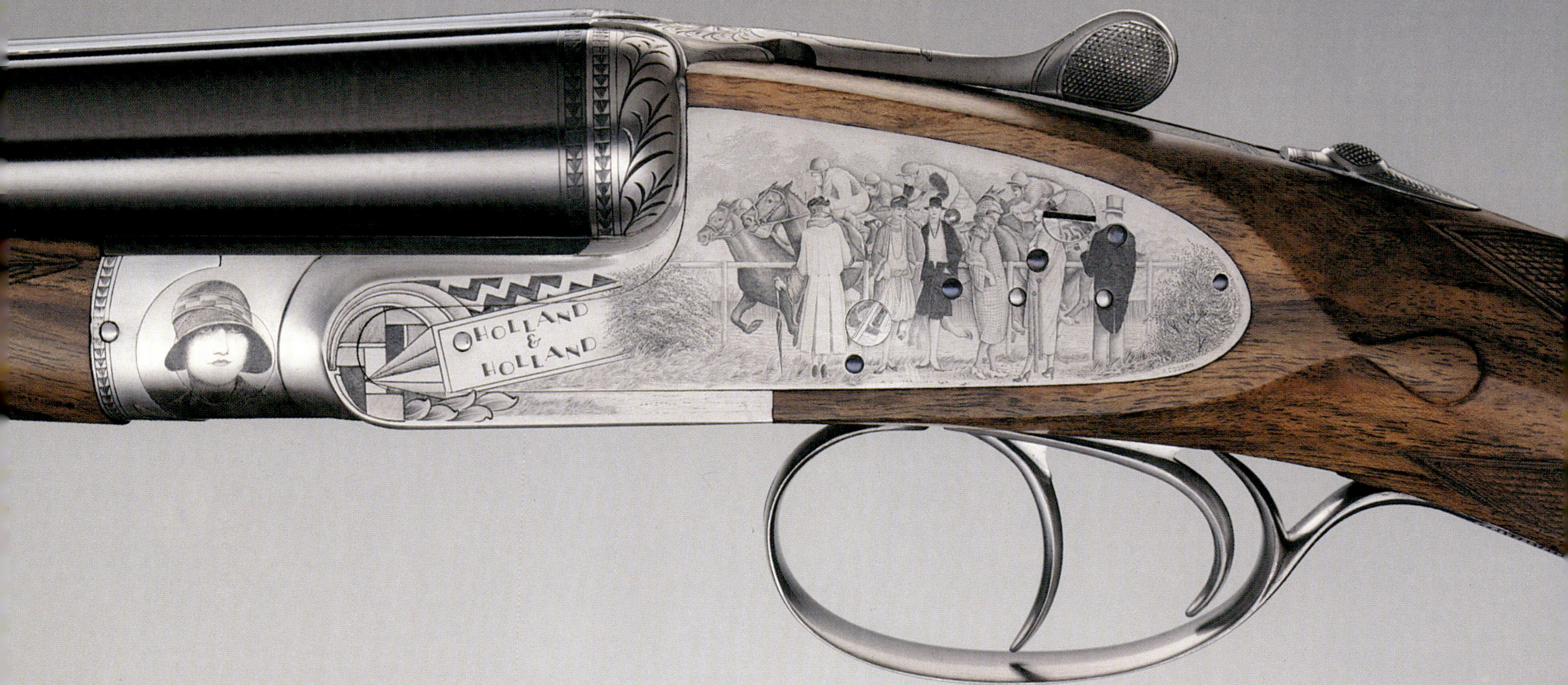
HOLLAND
&
HOLLAND

8 x 68 S, das vor zwölf Jahren als absolut ideal gepriesen wurde, hat heute an Bedeutung verloren. Bevorzugt wird nun das Kaliber 8 x 57 J RS, doch möglicherweise auch nur, bis das nächste »ideale Kaliber« von sich reden macht.

Das richtige Kaliber

Die folgenden Kaliber haben sich über viele Jahre bewährt:

- **Jagd auf Füchse, Rehe und Gemsen: .243 win; 5,6 x 57; 6 x 62**
- **Jagd auf Hirsche und Sauen: .300 WM; 8 x 57 J RS; 7 x 64 (unverwüstlich); 7 mm Remington**
- **Jagd auf afrikanische Großantilopen: .300 Weath mag; .375 HH mag**
- **Jagd auf Büffel oder Elefanten: .416 Rigby; .577 NE**

Man unterscheidet Doppelbüchsen, Bockdoppelbüchsen – mit zwei neben- bzw. übereinander angeordneten Läufen – und Repetierbüchsen. Bei Doppel- und Bockdoppelbüchsen wird der Schuß von zwei Abzügen ausgelöst, wie bei einer Jagdflinte. Es sind teure Waffen, da viel Zeit darauf verwendet werden muß, die beiden Läufe genau aufeinander abzustimmen. Eine Bockdoppelbüchse muß solide konstruiert sein, um nicht mit der Zeit Mängel zu bekommen. Sie wird häufig bei der Treibjagd eingesetzt, doch auch von afrikanischen Jagdführern benutzt, die für die Sicherheit ihrer Kunden verantwortlich sind.

Repetierer, einläufige, mehrschüssige Büchsen, gibt es als Modelle mit Zylinderverschluß, als Vorderschaft- oder Unterhebelrepetierer und als Selbstlader.

Letztere liegen sehr leicht auf der Schulter, und man kann genauso schnell damit schießen wie mit einer Bockdoppelbüchse. Ihr einziger Nachteil besteht in der Gefahr einer möglichen Ladehemmung, was unter bestimmten Umständen für den Schützen verhängnisvolle Folgen haben kann.

Büchsen sind äußerst präzise Waffen. Wenn man klassische Zieleinrichtungen benutzt (Kimme und Korn), kann man auf eine Entfernung von fünfzig Metern eine Kugel in einen Kreis von zwanzig Zentimetern plazieren; mit Zielfernrohr kann man noch auf eine Entfernung von zweihundert Metern exakt treffen.

Bei Büchsen liegt der Nachteil manchmal gerade in ihrer Qualität: Man neigt dazu, auf zu große Entfernung zu schießen. Ein Schwarzwildjäger, der sonst nie auf Wild in hundert Metern Entfernung geschossen hätte, wird mit einer Büchse vielleicht versucht sein, auf hundertfünfzig Meter zu schießen, und es gibt keine Sanktionen, die solche Entgleisungen bestrafen. So gesehen ist die Behauptung, mit einer Büchse verletze man weniger als mit einer Flinte, vielleicht nicht richtig, besonders bei der Treibjagd. Die Verletzungsgefahr ist genauso hoch, wenn nicht höher, da man oft auf zu weite Entfernungen schießt. Außerdem wird das Wild womöglich nicht einmal sofort getötet. Besonders Schwarzwild ist in der Lage, mit einer großkalibrigen Kugel im Leib noch kilometerweit zu laufen. Es ist immer die Präzision des Schusses, die den Erfolg ausmacht. Ein ideales Kaliber gibt es nicht.

Kombinierte Waffen

Mit kombinierten Waffen kann man sowohl mit Kugeln auf Säugetiere als auch mit Schrot auf Flugwild schießen, da sie sowohl glatte Flintenläufe als auch gezogene Büchsenläufe besitzen. Dabei sind die verschiedensten Kombinationen möglich: ein glatter Lauf und ein gezogener Lauf (z.B. Büchsflinte), zwei glatte Läufe und ein gezogener Lauf (z.B. normaler Drilling), oder zwei gezogene Läufe und ein glatter Lauf (z.B. Doppelbüchsdrilling).

Diese Waffen, im allgemeinen schwer und wenig elegant, sind für die sportliche Jagd wenig geeignet. Dagegen können sie für die Hege nützlich sein, für Förster oder Jagdaufseher, die auf ihren Rundgängen gelegentlich eine Elster oder einen Fuchs schießen. Es gibt auch Kombinationen verschiedener Kaliber; 12 und 7 x 64 oder 20 und .243 etwa sind bewährte Systeme.

Die passende Waffe

Ein guter Schütze braucht eine Waffe, die seinen Maßen angepaßt ist, die ihm angenehm auf der Schulter liegt und die ihn beim Anschlagen keine unnötige Zeit kostet, wenn er das Wild in Schußlinie bringt. Eine mittelmäßige oder minderwertige Flinte kann ihm dabei recht gute Dienste leisten, da er damit seine Leistung verbessern kann, obwohl er natürlich nie dieselben Ergebnisse erzielen wird wie mit einer hochwertigen Waffe.

Bei Jagdflinten sind bei der Ausformung des Schaftes zwei Maße wichtig: auf vertikaler Ebene die Senkung, auf horizontaler die Schränkung. Man muß das Gewehr gut anschlagen können, ohne daß sich der Schaft im Stoff der Jacke verfängt. Zu lange Schäfte z. B. verlangsamen die Bewegung. Bei der richtigen Schränkung hat man bei angeschlagenem Gewehr sofort das Korn im Blickfeld, ohne den Kopf verdrehen zu müssen. Ob man auch die Laufschiene im Blick haben muß oder nicht, bleibt dem persönlichen Geschmack

Ein altes Hahngewehr der Waffenmanufaktur von Saint-Étienne.

überlassen. Im Prinzip reicht es, drei bis vier Zentimeter der Schiene zu erkennen. Jäger, die tief schießen, haben oft die Erwartung, nahezu die kompletten Läufe erkennen zu können, damit es ihnen beim Zielen möglich ist, noch rasch die Flinte höher zu nehmen.

Jede Jagdwaffe sollte dem Körperbau und der Persönlichkeit ihres Besitzers angepaßt sein. Dies ist die beste Voraussetzung dafür, daß sich der Jäger genau in der richtigen Position zum Wild befindet und schneller schießen kann.

EINSTELLUNG DES ABZUGS
»Der Abzug ist der Teil der Auslösevorrichtung bei Schußwaffen, der zum Auslösen des Schusses bestimmt ist. Bei Betätigung des Abzugshebels wird die Abzugsstange aus der Rast gehoben und damit der Hahn freigegeben.« (Jagdlexikon 1983). Wenn der Abzugswiderstand zu groß ist, wird die Bewegung verfälscht, ist er zu klein, kann die Waffe gefährlich werden.
Ein guter Abzug darf keinen Einfluß auf das flüssige Mitschwingen haben. Der Schuß sollte kurz und sauber auf einen mäßigen Fingerdruck hin ausgelöst werden. Wenn der Abzugswiderstand zu groß ist, wird die Bewegung beim Mitschwingen gestört. Wenn er zu gering ist, drückt man ab, ohne vorher richtig überlegt zu haben. Folgende Widerstände sind üblich: 2,25 kg für den ersten Abzug und 2,35 kg für den zweiten, der von der Krümmung des Schießfingers härter getroffen wird.

Schießen mit kleinem Kaliber

Das Kaliber 12 ist nach wie vor das beliebteste Kaliber bei Jagdflinten. Manche Jäger bevorzugen allerdings Kaliber 20, oder sogar 28 oder .410.

Viele Jäger entscheiden sich deshalb für das Kaliber 12, weil sie befürchten, ihr Ziel nicht zu treffen und darauf hoffen, daß der große Garbendurchmesser in solchen Fällen ihre eigenen Fehler korrigiert. Bei Schüssen auf eine Entfernung von weniger als dreißig Metern ist ein kleines Kaliber einem großen auf jeden Fall ebenbürtig, wenn nicht sogar überlegen. Die Waffe läßt sich wie von selbst in Anschlag bringen, und das Zielen ist wesentlich präziser, fast so exakt wie mit einem Laserstrahl. Die Besitzer von Vorstehhunden, die das Glück haben, das Wild zu stellen und es auf kurzer Distanz schießen zu können, dürfen sicher sein, ihre Beute erlegt zu haben.

Was auf schwieriges Flugwild, etwa Waldschnepfen oder Bekassinen zutrifft, gilt in noch höherem Maße für aufgeschrecktes Niederwild in den Feldern. Wenn ein Hund eine Spur gut aufgenommen hat und es ihm gelungen ist, einen Fasan in einem Rübenacker zu stellen, wird dieser ein nicht zu verfehlendes Ziel bieten.

Beim Schießen mit kleinem Kaliber darf man kein grobes Blei verwenden. Blei mit der französischen Nummer 9 tötet einen Fasan auf fünfundzwanzig Meter. Für zäheres Flugwild, etwa Tauben, benutzt man die Nummer 7 1/2. Amerikanische Munition vom Typ Remington, Winchester oder Federal ist für diese Art des Jagdschießens am besten geeignet. Die Remington Skeet-Munition mit Blei Nummer 9 ist unübertroffen bei der Jagd auf Fasane, Wachteln, Drosseln, Rebhühner, Kaninchen und Krickenten, nur Enten und Hasen lassen sich schlecht mit dem Kaliber 28 töten, es sei denn, man schießt sie auf eine Distanz von weniger als fünfzehn Metern.

Zu den Vorzügen des Schießens mit kleinem Kaliber zählt besonders die Bequemlichkeit: Es gibt keinen Rückstoß, die Waffen sind handlich, kurzum, die Jagd macht Freude. Ein weiterer Vorteil besteht darin, daß die Munition leicht ist, selbst die Notration mit fünfundzwanzig Patronen fällt nicht sehr ins Gewicht.

Kleinkalibrige Waffen kann man mit Munition unterschiedlicher Durchschlagskraft laden: Standard- oder Magnum-Patronen, wobei letztere mehr Blei und eine zündwilligere Pulverladung enthalten. Leider sind amerikanische Patronen kleinen Kalibers in Europa erheblich teurer als die Patronen mit Kaliber 12, die in großen Stückzahlen hergestellt werden; außerdem sind sie nicht überall erhältlich. Man sollte sich deshalb zu Hause einen Vorrat anlegen, um nicht plötzlich unvorbereitet ohne Munition dazustehen.

Welches Kaliber ist das richtige?

Normalerweise gelten alle Kaliber unter 20 als kleine Kaliber. Das nicht besonders häufig vorkommende Kaliber 24 verliert allmählich an Bedeutung. Am beliebtesten sind Kaliber 28 und .410, besonders in den Vereinigten Staaten, wo sehr gute Munition hergestellt wird.

Die Munition des Kalibers .410 (410 Hundertstel Zoll, amerikanisches Maß) erinnert in der Form an eine lange Zigarette, während die des Kalibers 28 wie eine normale Patrone im Miniaturformat aussieht. Unter den Herstellern kleinkalibriger Waffen befinden sich Beretta und Rizzini (Bockdoppelflinten), sowie Remington und Winchester (Selbstlader). Diese Waffen sind nicht teurer als eine im Kaliber 12. Auf dem Gebrauchtwarenmarkt sind sie kaum erhältlich, ein weiterer Beweis für ihre Attraktivität.

RECHTS: *Phantasievolle Verzierung einer Flinte im Kaliber 4 von Holland und Holland: ein Skarabäus an Stelle des Korns.*
FOLGENDE SEITEN: *Match pair (passendes Paar). Flinten von Leeson (Großbritannien) im dazugehörigen Gewehrkoffer aus safrangelbem Leder.*

INANIMATE BIRD SHOOTING
29 MADDOX STREET
HAREWOOD HOUSE

Matched Pairs Ltd.
Maker W. R. LEESON.
Gun No. 13058.
Type SIDELOCK
Barrels 71 CM.
Chamber 65 MM
Stock
Length 36.5 CM.
Weight 2550 GRAMMES

Niederwild und Hochwild

Was haben der Jäger, der mit seinem Hund in den Feldern auf Stöberjagd geht, der Meisterschütze, der Fasane mitten im Flug trifft und der Jäger auf dem Ansitz gemeinsam, der im Morgengrauen darauf hofft, die Trophäe eines Rehbocks, eines Hirsches oder einer starken Sau mit nach Hause nehmen zu können? Sie alle, die auf den ersten Blick so verschieden zu sein scheinen, eint die gleiche weidmännische Leidenschaft.

Die Epoche der Meisterschützen

Die Kunst der Treibjagd – auf Fasane, Rebhühner oder Schottische Moorschneehühner – erreichte zu Beginn des 20. Jahrhunderts einen Höhepunkt. Diese Jagdart war besonders in den europäischen Ländern verbreitet, hauptsächlich in Frankreich und England.

Treibjagden auf Flugwild, bei denen es darum geht, die Vögel in die Luft zu scheuchen, so daß sie über die Köpfe der Jäger hinwegstreichen, kamen Mitte des 19. Jahrhunderts auf. In Großbritannien, wo aufwendige Jagdpartien äußerst beliebt waren, gewann diese Jagdart eine derartige Popularität, daß wohlhabende Persönlichkeiten, etwa der Maharadscha Duleep Singh, einen großen Teil ihres Vermögens dafür verschwendeten. Das beste Beispiel für diesen großen Jagdeifer gab die königliche Familie: Im Jahr 1900 wurden allein in der Jagd von Sandringham 12 000 Fasanenküken aufgezogen.

Die Zahl der Patronen, die in den Jahren um die Jahrhundertwende verschossen wurden, übersteigt jede Vorstellungskraft. Lord Malmesbury, Spezialist für die Jagd auf Moorschneehühner, verbrauchte an einem Tag ungefähr 1500 Patronen, um 1070 Vögel zu erlegen, was bedeutet, daß etwa 72 Prozent seiner Geschosse tatsächlich ihr Ziel trafen. An einem anderen Tag schoß er 216 Sumpfschnepfen mit 411 Schuß und 45 Waldschnepfen mit 83 Schuß. Graf Clary, einer der besten Schützen jener Belle Époque, der regelmäßig nach Schottland reiste, um sich mit den dortigen Meisterschützen zu messen, erlegte an einem besonderen Glückstag bei einer einzigen Treibjagd 107 Schottische Moorschneehühner. Außerdem schoß er – in weniger

Die Wachteljagd in Marokko (in der Nähe von Taroudant) ist bei Anhängern der Stöberjagd äußerst beliebt.

als drei Minuten! – 98 Fasane mit 104 Patronen. Zu Beginn des 20. Jahrhunderts erlegte der König von Portugal, ebenfalls ein großer Schütze, regelmäßig mit vierzig verschossenen Patronen 35 Stück Wild.

Einer der besten Schützen aller Zeiten war jedoch zweifellos Lord de Grey. Zwischen seinem sechzehnten und vierundvierzigsten Lebensjahr, also in einem Zeitraum von achtundzwanzig Jahren, erlegte er 316699 Stück Wild, darunter 11190 Fasane, 89401 Rebhühner, 47468 Schottische Moorschneehühner, 27417 Hasen und 2735 Schnepfen. Unter anderem schoß er an einem einzigen Tag 900 Kaninchen, 880 Fasane und 420 Schottische Moorschneehühner. Was für eine Leistung! Lord de Grey hatte auf Treibjagden zwei Jagddiener bei sich, die die Waffen nachluden. Wenn ein Schwarm Rebhühner angeflogen kam, schoß er erst zwei Patronen spitz von vorne, dann wechselte er die Waffe und gab zwei Schüsse halbspitz von vorne ab, und zum Schluß wechselte er abermals das Gewehr und schoß noch zweimal auf das flüchtende Wild. Ein guter, wenn auch nicht ganz so hervorragender Jäger war auch der Fürst von Monaco, der über seine Erfolge akribisch Buch führte. Er schoß innerhalb von vierzig Jahren 17872 Stück Wild mit 30374 Schuß.

Dabei muß man in Betracht ziehen, daß es damals noch sehr große Wildbestände in freier Wildbahn gab und noch größere in den Aufzuchtgehegen.

Zweifellos ist für die Jagd gutes Schießen das A und O. Gut, d.h. so schießen zu können, daß sowohl die Weidgerechtigkeit respektiert als auch der Stolz des Schützen befriedigt wird, ist das Wunschziel aller Jäger. Aus diesem Grund können sie mit wahrer Besessenheit über die Wahl der richtigen Patrone und der passenden Waffe nachgrübeln. Bei der Ausbildung erlernen Jungjäger das Schießen und andere Grundlagen der Jagd, Verhaltensregeln für den Ernstfall z.B. Einen großen Jäger aber macht noch etwas anderes aus, das gewisse Etwas, etwas Magisches, das man nicht erlernen kann. Zwar kann ein versierter Wurftaubenschütze auch bei der Jagd eine gute Figur machen, doch ein gestandener Jäger wird ihm stets den Rang ablaufen, selbst wenn er noch nie auf Tontauben geschossen hat. Lebendes Wild mit seinen jeweils typischen Verhaltensweisen ist eben unberechenbar.

Der Alptraum eines guten Schützen ist, sein Ziel zu verfehlen. Was für normal Sterbliche ein alltägliches

Bei den Jagden des französischen Präsidenten trafen sich einflußreiche Persönlichkeiten aus Politik, Wirtschaft und Finanzwesen.

Erlebnis darstellt, empfindet er als persönliches Versagen. Schießen kann mit einer Art von Spielleidenschaft einhergehen. Eine Nanosekunde der Unaufmerksamkeit, eine winzige Nachlässigkeit genügen, um das Vorhaben scheitern zu lassen.

Ein großer Schütze ist wie ein guter Billardspieler in einem magischen Kreis gefangen, der von den Kugeln bzw. vom Wild begrenzt wird. Viele finden nur mühsam wieder aus diesem Kreis heraus, weil sie unablässig damit beschäftigt sind, neue Erfolgsschemata zu berechnen. Eine Anstrengung, die sie bis in ihre Träume verfolgt. Warum dann also nicht lieber auf Scheiben schießen? Dies auch nur zu denken, heißt verkennen, was das jagdliche Schießen und der Rausch, den es auslösen kann, bedeutet. Nie kann ein Stück Ton mit vorhersagbarem und unabänderlichem Kurs dieselben Emotionen wecken wie ein Fasan im Flug oder ein plötzlich aufflatterndes Rebhuhn. Das Wild kann seine Flugbahn ändern, eine Wurftaube nicht. Hinzu kommt, daß das wilde Tier tief im Inneren des Menschen, verborgen in seinem Unterbewußtsein, einen uralten Jagdinstinkt weckt, den die Jagd veredelt hat.

Ist die Jagd nicht etwas Grausames? Nun, Jäger im allgemeinen und Meisterschützen im besonderen finden es verabscheuungswürdig, ein Tier zu verletzen. Das Wild muß sauber und auf der Stelle niedergestreckt werden. Gute Schützen zeichnen sich dadurch aus, daß sie diese Kunst meisterlich beherrschen, und zwar mit einer Regelmäßigkeit und einer Rhythmik, die Respekt einflößen. Es steckt ein wirklich sportlicher Aspekt in dieser Disziplin. Wahre Meisterschützen spaßen nicht mit der Jagd, sie betrachten sie mit einer Art heiligem Respekt. Lord Leicester z. B. lehnte es ab, bei der Jagd auf seinem Anwesen in Holkham wertvolle Zeit durch die Einnahme einer Mahlzeit zu vergeuden. Er nutzte sie lieber, um die Jagdgesellschaft zu versammeln und nur einen schnellen Imbiß im Freien einzunehmen, leise, um das Wild nicht zu verängstigen und ohne alkoholische Getränke, um die Reflexe nicht zu beeinträchtigen. Ein anstrengender Nachmittag stand bevor, an dem man sich keine Schwäche erlauben durfte.

Bei ihren aufwendigen Jagden beschäftigten die Adligen Dutzende von Treibern, die trotz der damals bereits hohen Qualität der Waffen regelmäßig angeschossen wurden. Im Laufe der Zeit gewöhnten sie sich daran und betrachteten solche Unfälle mit einer gewissen stoischen Ruhe. Die Männer, die als Treiber arbeiteten, gehörten zu einer benachteiligten sozialen Schicht und waren manchmal – was sie natürlich nie zugegeben hätten – geradezu froh über eine verirrte Schrotgarbe, die ihnen für eine leichte Verletzung eine Extrazulage oder eine Rente einbrachte.

In Frankreich stoßen die Aufzeichnungen von Georges Benoist, Oberjagdaufseher bei den Treibjagden der reichen Gesellschaft des ausgehenden 19. Jahrhunderts noch heute auf Interesse. Unter anderem berichtet er von der Jagd des Marquis de Breteuil. Das Gelände – darauf ein großartiges Schloß in der Nähe von Choisel im Departement Yvelines, dessen rechter Flügel zur weiten und wildreichen Ebene von Douairière hin liegt – gehörte dem Herzog von Luynes und erstreckte sich im Norden bis nach Méridon, wo ein weiteres Schloß auf das schöne Tal von Chevreuse blickte. Der Marquis reservierte das Breteuilsche Anwesen für seine Freunde, die dort jedes Jahr ungefähr 12 000 bis 15 000 Rebhühner und 200 bis 300 Hasen erlegen sollten. Er wollte sich auf diese Weise bei seinen Nachbarn und Freunden für die herrlichen Treibjagden revanchieren, zu denen er eingeladen worden war. 1899 nahm der Prinz von Wales, bei dem der Marquis in Windsor und bei königlichen Jagden zu Gast gewesen war, seine Einladung an und schoß fast 500 Rebhühner.

Die von Pulverqualm umwehten Geschichten aus dieser Zeit gehören zu den weidmännischen Legenden, selbst wenn es auch heute noch Treibjagden gibt, bei denen 200 bis 300 Fasane geschossen werden.

Trotzdem betrachten wir heute den Jagdrausch, der fast fünfzig Jahre lang die oberen Zehntausend Frankreichs und Großbritanniens ergriffen hatte, mit einigem Befremden. Sogar diejenigen, die damals dabei waren, werden im nachhinein angesichts der Größe der Strecken von Schaudern erfaßt. So schrieb etwa der Herzog von Portland: »Ich schäme mich fast dafür, wie unglaublich viele Fasane wir damals getötet haben. Ich würde es nicht noch einmal tun wollen.«

RECHTS: *Das Gemälde »Trophées de Chasse« (Jagdtrophäen) von Claude Monet zeigt Bekassinen, eine Schnepfe und Fasanen sowie ein Pulverhorn und eine Hahnflinte (1862).*
VORHERGEHENDE SEITEN: *Das Legen der Strecke ist eine Sitte, die bei den noblen Jagdpartien des Präsidenten ebenso beachtet wird wie bei weniger spektakulären Jagden.*

Heide und Flachland

Schottische Moorschneehühner, graubraune Rebhühner und spanische Rothühner sind die in Heide und Flachland am häufigsten gejagten Vögel.

Schottische Moorschneehühner

Das Schottische Moorschneehuhn gehört zur Gattung der Schneehühner und zur Unterfamilie der rebhuhnähnlichen Rauhfußhühner. Es ist und bleibt die beliebteste Jagdbeute der Flugwildjäger, obwohl es sowohl in Afrika als auch in Asien und Europa noch zahlreiche andere Rauhfußhühner gibt, davon allein drei Arten von Schneehühnern. Schneehühner haben befiederte Ständer, einen kleinen Kopf, einen schmalen, kurzen, gebogenen Schnabel und über den Augen rot gefärbte nackte Hautstellen, sogenannte Rosen. Die Schneehühner Kanadas, die um Quebec herum heimisch sind, haben so wenig Angst vor Menschen, daß man sie im Winter mit der Schleuder erlegen kann und daß ihr Unwille, wegzufliegen, den sportlichen Jäger verunsichert. Das in Europa vorkommende, in Deutschland ganzjährig geschützte Alpenschneehuhn ist scheuer. Der Hahn ist im Sommer grau, die Henne braun, beide mit weißen Flügeln. Im Winter nimmt das Gefieder eine weiße Tarnfärbung an. Alpenschneehühner leben in Gruppen beieinander, und beim Auffliegen stoßen sie »quak«-ähnliche Laute aus. Das afrikanische Ganga, ein in der Steppe beheimatetes Rauhfußhuhn, ist ein dämmerungsaktiver, schlecht fliegender Vogel, der für Jäger eine Herausforderung darstellt, weil er schwer zu jagen ist.

Doch keiner dieser Vögel hat eine ähnliche weidmännische Bedeutung wie das Schottische Moorschneehuhn, englisch *grouse*. Es ähnelt im Aussehen dem Alpenschneehuhn und lebt im Sumpfgebiet der schottischen Highlands. Wenn es aufgeschreckt wird, fliegt es sofort pfeilschnell im Tiefflug geradeaus.

Großbritannien, führend in der sportlichen Jagd, betreibt um das Schottische Moorschneehuhn einen regelrechten Kult. Es gilt eben als sportlich, nicht auf irgendein beliebiges Wild zu schießen, sondern auf ein möglichst lebhaftes und schnelles – Voraussetzungen, die das Moorschneehuhn erfüllt. Diese Vogelart bevorzugt die Heide als Lebensraum, ernährt sich von den jungen Trieben der Erikasträucher und ist zwischen den Pflanzen kaum zu erkennen, da sich sein Federkleid bis zur Perfektion der Umgebung anpaßt. Schottische Moorschneehühner sind das Jagdwild der Lords und Großgrundbesitzer, die Tausende Hektar Land ihr eigen nennen, und diese besitzen keinen anderen Wert als ebenjenes Flugwild.

Die Jäger sitzen in Ansitzlöchern, sogenannten *butts*, hinter kleinen Erdhaufen. Die Schneehühner, aufgescheucht von den Treibern, streichen etwa in Mannshöhe darüber hinweg. Aus diesem Grund darf man nie zu tief zielen.

Die Entwicklung der Moorschneehuhnpopulationen ist mit der von Aktienkursen vergleichbar: In einem Jahr gibt es einen starken Anstieg, im nächsten erfolgt dann vielleicht ein Einbruch. Heute werden zwar nicht mehr tausend Schottische Moorschneehühner am Tag geschossen, wie es zu Beginn des 20. Jahrhunderts durchaus üblich war, doch das Jagdritual ist dasselbe geblieben, und jeder Jäger träumt davon, einmal in seinem Leben einige *braces* Moorschneehühner zu erlegen.

Die Rothühner Spaniens

Eine vergleichbare Bedeutung wie das Schottische Moorschneehuhn in Großbritannien haben das Rebhuhn und sein Verwandter, das Rothuhn, in anderen Teilen Europas. Wenn er eines der schnellen und lebhaften Rebhühner mit seiner rundlichen Gestalt plötzlich in einem Rübenacker erspäht, wird es dem Jäger jedesmal warm ums Herz. Die graubraunen Rebhühner leben in den Getreideanbaugebieten Nord- und Zentralfrankreichs, Rothühner findet man im Süden des Landes. Das beste Aroma hat jedoch das Fleisch der Rothühner Spaniens, weshalb im Herbst viele der besten Jäger Europas in Richtung La Mancha reisen, im Gepäck ihre sorgfältig in Lederfutterale gehüllten Gewehre. In Spanien werden auf Rothühner Treibjagden mit sehr gut ausgebildeten Treibern veranstaltet. Hunderte von Treibern, die von Jagdleitern dirigiert, angefeuert und korrigiert werden, kesseln ganze Berghänge ein. Die Jäger warten auf ihrem Posten hinter Strohparavents und starren auf die ockerfarbene Landschaft, die sich leer vor ihnen ausdehnt. Der *secretario* hat bereits die Flinten aus den Futteralen genommen; noch hängen die Waffen unbenutzt an den Strohschutzwänden. Bei dem *secretario* handelt es sich nicht um einen einfachen Jagdgehilfen: Er hat die Aufgabe, die

Links: *Bei einer Treibjagd in der französischen Region Perche wurden zwei Fasanen mit einer Dublette erlegt.*
Folgende Seiten: *»La battue en pleine«, Treibjagdszene von Alexandre-Gabriel Decamps. Der Jäger, angestellt hinter einer Ackerwalze, schießt in Richtung der Treiber – nicht zur Nachahmung empfohlen!*

Rothuhnschwärme anzukündigen und das erlegte Wild aufzusammeln. Dabei weiß er genau, daß sein Trinkgeld direkt proportional zur Anzahl der geschossenen Vögel sein wird. Deshalb überschlägt er sich fast vor Eifer, wobei es auch durchaus einmal mit einem Kollegen zum Streit über den Lohn kommt.

Die von den Treibern zusammengetriebenen Vögel stehen vor dem Hintergrund einer westernartigen Landschaft auf, braune Federbälle, die sich kaum von der roten Erde abheben. Selbst ausgezeichnete französische oder britische Schützen haben Mühe, mit den örtlichen Experten mitzuhalten, die in der Lage sind, mit drei Waffen gleichzeitig zu jonglieren. Dazu muß man wissen, daß bei den Spaniern vor der Jagd Wetten auf die Anzahl der erlegten Tiere abgeschlossen werden. Abends, wenn die Beute gezählt ist, streicht der »Jagdkönig« den Wetteinsatz ein.

Diese außergewöhnlichen Treibjagden, bei denen sich die besten Jäger Europas treffen, sind grundverschieden von der Stöberjagd, die ebenfalls viele Anhänger hat. Bei dieser Jagdart darf man allerdings körperliche Anstrengungen und lange Märsche über Stoppelfelder und Brachland nicht scheuen. Dafür wird man mit unvergleichlichen Erlebnissen belohnt.

Die Rebhuhnjagd in Frankreich

Die ebenen Landschaften von Beauce und Nordfrankreich sind das Reich der Vorstehhunde. Diese vielseitigen Jagdgebrauchshunde sind in der Lage, mit hoher Nase den Geruch von Wild auf mehr als hundert Meter Entfernung wahrzunehmen. Zu den Vorstehhunden gehören u. a. Deutsch-Kurzhaar, Deutsch-Langhaar, Großer und Kleiner Münsterländer, Deutsch-Drahthaar, Pointer, Setter und Bretonischer Vorstehhund. Die Jagd mit einem gut ausgebildeten Champion kann passionierte Jäger geradezu in Euphorie versetzen.

Gaston Rambaud, ein Nachkriegs-Autor, der bei den besten Jagden Frankreichs, Spaniens und Großbritanniens zu Gast war, traf dort auf die berühmtesten Schützen seiner Zeit. Vor dem Ersten Weltkrieg schoß er bei der Jagd mit seinen Hunden mehr als 650 Rebhühner pro Jahr und nahm dazu noch gelegentlich an Treibjagden auf dieses Flugwild teil. Die Jagd auf Rebhühner ist unwidersprochen die reizvollste Jagd von allen. Die unterschiedlichen Fluchttaktiken der Tiere sowie ihr unvorhersehbares Flugverhalten je nach den Gegebenheiten des Geländes begeistern die Freunde der Rebhuhnjagd immer wieder. Kein Wild bietet dem Jäger so oft die Gelegenheit, den interessantesten aller Schüsse, eine Dublette, abzugeben. Im Spätherbst, wenn die Rebhühner pfeilschnell über die Köpfe der Jäger hinwegstreichen, muß man ein sehr geübter Schütze sein, um das Wild mitten im Flug zu treffen.

Die graubraunen Rebhühner leben überall in Europa, außer in größeren Waldgebieten. Man kann sich ihnen im offenen Gelände relativ leicht nähern, ob im Dickicht, in Luzernenfeldern, auf Kartoffel- oder Rübenäckern. Oft laufen die Vögel vor dem Hund her. Dieser bleibt dann einen Augenblick stehen, geht weiter, täuscht ein weiteres Stehenbleiben vor und rennt plötzlich los. Die Witterung der Rebhühner kann Vorstehhunde ganz verrückt machen. Die Vögel sind bei Aufgang der Jagd noch relativ leicht zu erbeuten, doch im Herbst sind sie ebenso schwer zu stellen wie zu schießen.

Passionierte Rebhuhnjäger, gleichviel ob französischer, italienischer, englischer oder spanischer Herkunft, erkennt man häufig daran, daß sie paarweise erstandene Meisterwaffen besitzen – sofern sie die Treibjagd bevorzugen – sowie an ihrer Vorliebe für die Jagd mit Hunden. Hunde sind bei der Rebhuhnjagd sehr wichtig, da die Vögel es immer wieder schaffen, sich davonzumachen, auch wenn sie verletzt sind, und man die Hunde zum Verlorenbringen braucht. Polen nimmt jedes Jahr viele Devisen ein, indem es seine Sumpfgebiete für die Rebhuhnjagd freigibt. Das Schöne daran ist, daß dort keine Treibjagden veranstaltet werden, sondern man allein mit seinem Hund auf Stöberjagd geht. Polen ist daher ein beliebtes Reiseziel für die Hundefreunde unter den Jägern geworden, ein Paradies für Vorstehhunde, die Niederwild mit hoher Nase schon auf weite Entfernungen wittern.

VORHERGEHENDE SEITEN: *Die Rothuhnjagd in Spanien zieht die Elite der Jäger aus aller Welt an. Detail einer Gravur auf einer Perazzi-Flinte (rechts).*
RECHTS: *Kurze Pause zwischen zwei Treiben.*

Rothuhn (links) und Rebhuhn (rechts)

Die Gebirgsjagd und die Jagd im Wald

Die Jagdleidenschaft treibt ihre Anhänger auf jedes Höhenniveau, ganz gleich, wie die Gegebenheiten der Landschaft auch beschaffen sein mögen und welche – manchmal beträchtlichen – körperlichen Anstrengungen vonnöten sind, um dorthin zu gelangen. In Schottland kriechen die Jäger bei der Pirsch auf die dort häufig vorkommenden Hirsche durch die sumpfige Heide. Um die Tiere erspähen zu können, benutzen sie Fernrohre, obwohl diese viel unpraktischer sind als Ferngläser.

Bei der Gebirgsjagd braucht man eine andere Konstitution als bei der Treibjagd: starke Muskeln, gesunde Lungen und kräftige Gelenke; kurz, eine entsprechend gute physische Verfassung, um acht Stunden im Hochgebirge verbringen zu können.

Die Gebirgsjagd hat gegenüber anderen Jagdarten den Vorteil, daß sie sich in einer atemberaubenden Landschaft abspielt. Man stelle sich etwa die Stimmung am frühen Morgen vor, wenn die Sonne den Dunstschleier durchbricht und die Bergspitzen weiß glitzern, die Reinheit der Luft, den Tannen- und Lärchenduft, das Geläut der Kuhglocken oder das Blöken der Schafe, das Pfeifen der Murmeltiere – all dies trägt zum Zauber der Berglandschaft bei.

In Europa werden Gemsen, Auerwild, Birkwild, Alpenschneehuhn – in Deutschland ganzjährig geschont – oder das Alpensteinhuhn gejagt, eine große rötliche Steinhuhnunterart, die bis hinunter in die Täler streicht. Gemsen und Pyrenäengemsen werden auf der Pirsch mit der Büchse geschossen. Die Pirsch ist eine anstrengende Jagdart, die gute Kenntnisse der Berge und eine ausgezeichnete körperliche Kondition voraussetzt. Seit der Einführung von Abschußplänen müssen Jäger sich vor der Jagd für ein bestimmtes Wild entscheiden. Zu den Tieren zu gelangen, ist im Gebirge an sich schon ein anstrengendes Unternehmen, das Hinuntersteigen mit einer vierzig Kilogramm schweren Last im Rucksack eine wahre Tortur. Bevor man eine Tierart bejagt, muß man erst ihr Verhalten studieren, denn in der Weite der Berge hat jedes Wild seine eigenen Gewohnheiten und hält sich zu bestimmten Tageszeiten jeweils an verschiedenen Stellen auf.

Die Gemsenjäger, ob in der Schweiz, Österreich oder Frankreich, können von dramatischen Zwischenfällen berichten. Ein loser Stein am Rande eines Abgrunds genügt, um das Abenteuer tödlich enden zu lassen. Manche Jäger verirrten sich in den Bergen, andere verdanken ihr Leben nur einem Doppelseil zum Abseilen, das sie im Rucksack hatten, wieder andere sind vom Blitz getroffen worden. In Österreich stießen wir auf den Bericht vom tragischen Tod eines Gemsenjägers, der sich Anfang des 19. Jahrhunderts zugetragen hat. Um die Gemsen anzulocken, die von Natur aus sehr neugierig sind, hatte der Mann sich ein Paar Hörner an der Stirn befestigt. Daraufhin wurde er von einem anderen Jäger für eine Gemse gehalten und getötet.

Ringeltauben: Ein typisch französisches Flugwild
Die Ringeltaube ist die größte mitteleuropäische Taube. Sie ist blaugrau, hat im Flug ein breites weißes Band über dem Flügel und schwarze Streifen auf dem Schwanzgefieder. Altvögel haben einen weißen Fleck an den Halsseiten. Nahezu überall in Europa ist die Taubenjagd recht unpopulär, in Frankreich jedoch äußerst beliebt.

Links: *Die Rebhuhnjagd mit Vorstehhunden ist besonders bei den Jägern beliebt, die das Ursprüngliche suchen.*
Folgende Seiten: *Ein Springerspaniel apportiert stolz eine Schnepfe, die in der irischen Grafschaft Kerry geschossen wurde. Rebhuhnjagd im französischen Vexin (rechts).*

Dort gibt es passionierte Taubenjäger, die sich die raffiniertesten Tricks ausdenken, um das Wild anzulocken. Die Taubenjagd wurde zu einer regelrechten Kunst entwickelt: Es gibt dabei Beobachtungsposten, den Leiter, Beobachter, Taktikplaner und »Gurrer«, die den Taubenruf nachahmen. Man muß bei dieser Lockjagd u. U. einen ganzen Monat in einer provisorischen Reisighütte verbringen! Um die Hütte herum sind, von starken Federn gehalten, große Netze gespannt, die auf einen Zuruf hin über die Wildtauben geschleudert werden.
Eine Spezialmannschaft bewegt die erhöht sitzenden Lockvögel, um die Aufmerksamkeit ihrer Artgenossen auf sie zu ziehen. Wenn sich die Tauben auf den umliegenden Bäumen niedergelassen haben, macht sich eine weitere Mannschaft daran, sie auf den Boden zu locken. Dies ist die Aufgabe der »Gurrer«, Spezialisten, die die Vogelstimmen naturgetreu nachahmen können.
Die Ringeltauben betrachten von oben herab den Boden, bis eine von ihnen sich entschließt, hinunterzuflattern, angezogen von den heftigen Bewegungen, die einer der Männer mit dem sogenannten »Hüttenlockvogel« ausführt, einer Haustaube, die er dabei an den Ständern hält. Der Vogel schlägt mit den Flügeln und bringt seine wilden Artgenossen dazu, dasselbe zu tun. Nach und nach landen erst zwei, dann drei, dann vier Ringeltauben auf dem Boden. Sofort fallen die Netze über das Flugwild, und die Männer greifen sich die Tauben. Danach wird der Boden von allen Federn gereinigt und die Jäger legen sich erneut auf die Lauer.
In den Ausläufern der Pyrenäen werden Tauben in vertikal oder horizontal gespannten Netzen gefangen. Einen Kilometer von der Fangstelle entfernt werden Beobachtungsposten aufgestellt, die die Vögel in Richtung der Netze lenken, indem sie Attrappen von Hühnerhabichten in die Luft schleudern, einem Greifvogel mit schwarzgebänderter Unterseite, der natürliche Freßfeind der Ringeltaube. Die Taubenschwärme lassen sich im Flug sinken, drehen ab und fliegen schließlich in die Richtung, in der die Netze auf sie warten.
Doch Tauben werden auch mit dem Gewehr bejagt. Die Jäger legen sich auf Anhöhen hinter einfachen Schutzwänden oder auch auf Plattformen im Buchenwald auf die Lauer. Sie warten lange, oft tagelang, ohne daß sich ein einziger Vogel sehen läßt. Wenn der Nebel im Tal aufsteigt, müssen die Jäger ihren Posten aufgeben und zu Schäferhütten hinabklettern, deren einziger Komfort aus einem eisernen Öfchen besteht. Manchmal verbringen sie dort eine ganze Woche, ohne einen Schritt vor die Tür zu machen. Löst sich der Nebel auf, fliegen Taubenschwärme in langgezogenen Formationen über die Bergkuppen hinweg und an den Hängen entlang auf die Jäger im Hinterhalt zu. Gewehrschüsse krachen, und die Tauben zucken stumm zusammen, wenn sie auf dem Boden aufschlagen. Vom wilden Fest bleiben nur die weißen Daunenfedern der getroffenen Tauben übrig, die hier und da weiße Tupfen auf den Hängen bilden. Nun kann das Warten erneut beginnen.

Bei der Waldjagd überwiegt die Einzeljagd auf Pirsch und Ansitz, vor allem auf Schalenwild; die Jagd mit Hilfe von Hunden – Stöbern und Buschierjagd, etwa auf Waldschnepfen –, ferner die Drückjagd und Waldtreibjagden, z. B. auf Fasane. Am interessantesten ist die Waldjagd im Herbst, wenn die Blätter bereits gefallen sind.

Die großen Karpatenhirsche

Es gibt auf der Welt einige hundert Jäger, die bereit sind, sehr viel Geld für eine außergewöhnliche Trophäe zu bezahlen, etwa ein Geweih jener sagenumwobenen Hirsche, deren Stirnwaffen dem Geäst einer Eiche ähneln, Tiere, deren Abschuß soviel wie ein PKW kostet und die man erst nach Stunden, Tagen, ja Monaten geduldigen Wartens in die Schußlinie bekommt.

Solche großen Hirsche leben in den Wäldern Osteuropas, in Polen, Ungarn, Bulgarien und Rumänien. Graf Pallfy gehörte zu den legendären Jägern dieses Hochwilds. Jedes Jahr begab er sich auf die Jagd in die Karpaten. Ein abenteuerliches Unterfangen: Weite Strecken mußten zurückgelegt und hohe Berge erklettert werden, und man mußte sich einen Weg über die umgestürzten Baumstämme und durch das Dickicht des Urwalds bahnen. *»Im Urwald gibt es an einigen Stellen Bäume, deren Stämme einen Durchmesser von über zwei Metern haben. Schwärme großer Forellen tummeln sich in den kristallklaren Flüssen und Bächen. Himbeeren und Brombeeren werden hier so dick wie nirgendwo sonst, und die eßbaren, gesunden und kräftigen Röhrenpilze, die hier gegessen werden, werden so groß wie Hüte«*, berichtet er in seinen Erinnerungen.

Dieses ideale Biotop führt dazu, daß die Hirsche dort sehr groß werden. Da die Tiere in den harten eisigen Wintern, in denen bis ins späte Frühjahr hinein meterhoher Schnee liegt, um ihr Überleben kämpfen und sich verzweifelt gegen Rudel hungriger Wölfe wehren müssen, haben nur die Stärksten eine Chance. So erreichen die Tiere teilweise ein Gewicht von über dreihundert Kilo.

Jäger aus ganz Europa begaben sich in diese kalten und unwirtlichen Gegenden, und manchmal brachte sie die Landschaft regelrecht aus der Fassung. Pallfy bekam eines Tages während der Brunftzeit Besuch von einem vornehmen englischen Herrn, der in Schottland bereits tausend Hirsche erlegt hatte. In der Wildnis fühlte er sich indessen befangen. *»Er wußte nichts über unsere Urwälder. Wir Karpatenjäger sind froh, wenn wir das Glück haben, einen oder zwei große alte Hirsche während der ganzen Saison zu schießen, und die haben wir uns redlich verdient, denn bei der Jagd schwitzen wir jedesmal Blut und Wasser.«*

Die Hirsche in jenen Gegenden erreichten damals wahrhaft gewaltige Ausmaße. In Transsylvanien beobachtete Pallfy eines Morgens ein Exemplar, das alles übertraf, was er jemals in freier Wildbahn oder im Museum zu Gesicht bekommen hatte. Er erblickte ihn

RECHTS: *John Mangan, eine bekannte Persönlichkeit der irischen Grafschaft Kerry, beim Ansitz auf Sikahirsche mit einer Büchse mit Zielfernrohr im Kaliber 22-250.*
VORHERGEHENDE SEITEN: *Bei der Bergjagd sollte man in ausgezeichneter körperlicher Verfassung sein. Dieser erfahrene Jäger hat gerade in den französischen Alpen ein Steinhuhn (eine große Feldhuhnart) geschossen.*
FOLGENDE SEITEN: *Hirschjagd in Schottland. Die genaue Kenntnis des Gebietes entscheidet über das Gelingen der Pirsch.*

danach nie wieder. 1916 schoß er jedoch einen Hirsch, mit dem er einen Weltrekord aufstellte. Das Geweih wog 11,75 kg und war 1,36 m breit. Pallfy hatte das Tier im ersten Augenblick für einen Ochsen gehalten.

Noch heute werden in diesen östlichen Jagdgebieten sehr große Hirsche erlegt.

Frankreich: Wanderlustiges Schwarzwild

Wildschweine sind allseits bekannt, und in Frankreich erlangten sie durch die Comicserie *Asterix und Obelix* besondere Popularität. Die Sauen, wie Schwarzwild auch genannt wird, sind struppige, stämmige Tiere, deren Gewicht in den Ländern Osteuropas mehr als zweihundert Kilogramm betragen kann. Schwarzwild lebt hauptsächlich in den Wäldern, doch es hält sich auch gern in lichten Gehölzen und im Gebüsch sowie in Getreidefeldern auf. Als Allesfresser munden ihm sowohl Kartoffeln, Pilze oder Kastanien, als auch hin und wieder ein von Myxomatose befallenes Kaninchen.

Schwarzwild lebt gesellig in Rotten. Auf der Suche nach Fraß wechselt es viel und weit, wobei die Tiere hauptsächlich nachtaktiv sind.

Die Rauschzeit beginnt im November und endet im Januar. Nach gut drei Monaten Tragzeit wirft die Bache drei bis sechs Frischlinge.

Bis zum Alter von sechs Monaten ist das Fell der Frischlinge braun und gelb gestreift, danach nimmt es einen rötlichen Ton an. Im zweiten Lebensjahr nennt man die Tiere Überläufer. Männliches Schwarzwild bezeichnet man je nach Alter und Stärke als angehenden Keiler, hauendes Schwein, Hauptschwein oder grobes Schwein. Das Fell ausgewachsener Tiere ist schwarz oder grau gefärbt.

Die weidmännischen Bezeichnungen für den Rüssel der Sauen sind Wanst, Stich, Kopf oder Wurf. Bei den Zähnen wird zwischen Bache und Keiler unterschieden: Gewaff oder Waffen ist der Oberbegriff für die Eckzähne im Ober- und Unterkiefer des Keilers, Gewehre oder Hauer nennt man die unteren Eckzähne der männlichen Tiere, Haderer die oberen; bei der Bache werden die oberen und die unteren Eckzähne als Haken bezeichnet. Schwarzwild gehört schon seit jeher zu den besonders begehrten Wildarten. Die früher zu seiner Jagd berechtigten vornehmen Herren erlegten die Sauen

LINKS: *Die Ringeltaubenjagd in den französischen Pyrenäen zieht zahlreiche Jäger aus ganz Europa an.*
VORHERGEHENDE SEITEN: *Wenn der Hirsch erlegt ist, heißt es, ihn danach hinunter ins Tal zu transportieren. In diesem Fall scheint dies dem Jäger, der das Tier mit einem an der Basis des Geweihes befestigten Seil hinter sich her zieht, einige Mühe zu bereiten.*

mit der blanken Waffe, nachdem sie sie mit großen Hunden gehetzt und gestellt hatten. Heute bevorzugt man als Jagdarten die Stöberjagd sowie die Drück- oder Treibjagd, wobei das Schwarzwild auf eine Linie von Jägern zugetrieben wird, oder aber die Ansitzjagd von einem Hochsitz aus. Während die Niederwildbestände auf den Feldern Europas zurückgehen, ist bei den Schwarzwildbeständen ein konstanter Anstieg zu verzeichnen. In Frankreich betrug beispielsweise die Jagdstrecke der Saison 1995–96 insgesamt 226 112 Stück, was eine Steigerung von 6,9 Prozent im Vergleich zum Vorjahr darstellt. Da sich die Schwarzwildpopulationen in den vergangenen zehn Jahren um das Doppelte vermehrt haben, richten die Tiere in den Feldern entsprechend große Schäden an. Die Jäger jedoch sind über die wachsenden Zahlen dieses Wildes hoch erfreut.

Seit einigen Jahren macht man bei der Erforschung der Lebensweise des Schwarzwildes Fortschritte. Man hat u. a. herausgefunden, daß die Sauen von Natur aus eigentlich gar nicht so nomadisch leben, wie allgemein angenommen. Wenn es genügend Nahrung gibt, beschränken sie sich durchaus auf ein begrenztes Territorium.

Deutschland: Die hohe Jagd

Die deutschen Jäger haben in Europa viel zu den Erkenntnissen über Hochwild beigetragen. Ihnen verdanken wir die Entwicklung präziser Untersuchungsmethoden zum Verhalten von Hirschen, Rehen und Sauen. Sie haben uns den Respekt vor kämpferischen Bachen und die Jagd auf Frischlinge (junges Schwarzwild bis zu einem Jahr, unter fünfzig Kilo) beigebracht. Im Gegensatz zu den Bewohnern anderer europäischer Länder betrachten die Deutschen die Jagd als eine Art heiliges Ritual mit seinen eigenen Riten, Traditionen, typischer Kleidung und strikten Regeln. Sie respektieren das Wild und töten nur unter bestimmten Voraussetzungen (etwa zum Trophäenerwerb, zur Wildbestandsbegrenzung oder zur »Hege mit der Büchse« durch den Abschuß bestimmter Tiere). In Deutschland schätzt man die Jagd auf Hirsche, Rehe und Sauen, wobei letztere die Deutschen am meisten interessieren. Über das Schwarzwild gibt es zwei von Deutschen verfaßte Standardwerke: *Das Schwarzwild* von Karl Snethlage und *Schwarzwild-Report* von Heinz Meynhardt. Bei der hohen Jagd werden Jagdarten bevorzugt, bei denen die entsprechenden Waffen wichtiger sind als Hunde. In Deutschland ist z. B. die Hetzjagd ganz verboten. Dafür ist man hier auf die Pirsch spezialisiert, bei der man ein bestimmtes Stück auswählt, sein Geweih und Gewicht abschätzt und nur schießt, wenn man das Wild wirklich sicher in der Schußlinie hat. Die Drückjagd ist eine weitere deutsche Spezialität. Sie besteht darin, daß nur wenige Treiber, ganz ohne Hunde, nicht in geschlossener Reihe treiben, sondern einzeln und leise, während die Schützen an weiter entfernten günstigen Stellen angestellt sind. Die Drückjagd hat den Vorteil, daß die Jäger kein verängstigtes Wild vor die Büchsen bekommen. Die Tiere bewegen sich im Schritt oder Trab vorwärts, und man hat viel Zeit, eines von ihnen auszuwählen. Für die Jagd mit Hunden werden oft kurzbeinige Rassen bevorzugt, etwa Dackel oder Terrier, um die Tiere nicht in die Flucht zu schlagen, während Schweißhunde für die Nachsuche auf angeschossenes Wild eingesetzt werden. Deutsche Bracken, die in anderen europäischen Ländern bei der Jagd auf Kleinwild zum Brackieren verwendet werden, dienen in Deutschland oft als Schweißhunde. Die Qualität der Hochwildtrophäen in den deutschen Wäldern entspricht den landesüblichen sorgfältigen Hegemaßnahmen.

Die Ausrottung der amerikanischen Wandertaube

Keine andere Art der Kleinwildjagd erreichte je solche Ausmaße wie die Jagd auf die amerikanische Wandertaube im 19. Jahrhundert. Es ist schwer, den Eindruck zu beschreiben, den die unglaublich großen Taubenschwärme hinterließen, die damals nach ihrer Rückkehr aus dem Winterquartier überall in den Waldgebieten des Westens brüteten, oder die blutigen Jagdorgien, die auf sie veranstaltet wurden. Bis zum Jahr 1900 wurden die Vögel jahrein, jahraus verfolgt. Ein paar sehr alte Leute auf dem amerikanischen Kontinent mögen sich noch daran erinnern können, wie ganze Wolken von Tauben die Sonne verfinsterten, wie sie im Sturzflug auf die Wälder niedergingen und Städte und Dörfer hinter einem schillernden Vorhang verschwinden ließen.

Der Naturforscher John James Audubon (1785 bis 1851) beschrieb, daß ein einziger Schwarm von

LINKS: *Durch die reichlich vorhandene Nahrung (Mais und Eicheln) erreicht das Wild Nordeuropas oft eine beachtliche Größe – mit entsprechenden Geweihen.*
VORHERGEHENDE SEITEN: *Ab Mitte September befinden sich die Hirsche in der Brunftzeit, und der Wald hallt von ihren Rufen wider. Die Kämpfe sind ernst, aber nur sehr selten tödlich. Bei der Jagd im Wald auf Nieder- und Hochwild muß man vor allem leise und unauffällig vorgehen.*
FOLGENDE SEITEN: *Winterjagd des polnischen Präsidenten Ignaz Mościcki im Februar 1934. Bei der Strecke befinden sich u. a. Luchse, große Sauen und ein Fuchs.*

Im Jahre 1850 wurde der Himmel in Wisconsin (USA) von Milliarden Wandertauben verdunkelt. Leichte Beute für die Jäger, die aus allen Teilen der Vereinigten Staaten zusammenströmten.

Wandertauben (*ectopistes migratorius*) bis zu zwei Milliarden Individuen zählen konnte. Wenn eine solch dichte Wolke über die Wälder hinweg zog, war es, so berichtet ein Zeuge, als ob dem Beobachter »zehntausend Mähdrescher in voller Fahrt durch den Kopf rasten« oder »Dutzende von Zügen unter einer Brücke hindurch fuhren«.

Ab Ende April schauten die Leute in Ohio, Wisconsin, Illinois und Missouri regelmäßig erwartungsvoll aus den Fenstern. Sonderberichterstatter der Zeitungen durchstreiften das Land auf der Suche nach den ersten Anzeichen der zurückkehrenden Tauben. Die Farmer errichteten Schutzzäune rund um ihre Felder, obwohl sie dem Ansturm der Vögel ohnehin nicht standhalten würden, und stellten Wachposten und Hochsitze auf. Aus allen Staaten strömten die Jäger zu Fuß, zu Pferd, mit dem Zug oder in Kutschen in die großen Brutgebiete von Wisconsin.

In den kleinen Dörfern, die in der Nähe der Nistplätze lagen, herrschte hektische Betriebsamkeit. Zimmerleute, Küfer, Hoteliers, Büchsenmacher, Spediteure, Gemischtwarenhändler, Pferde- und Kutschenvermieter, Salzhändler und Eisverkäufer trafen eifrig ihre Vorbereitungen. Die Dörfer hallten von den Hammerschlägen wider, mit denen ringförmige Beschläge um spezielle Taubenfässer befestigt wurden, von denen jedes fünfhundert Tiere fassen konnte. Die Büchsenmacher füllten ihre Regale mit Pulver- und Schrotvorräten und präsentierten in den Auslagen ihre schönsten Waffen.

Auch die Prärieindianer zogen in Richtung der Brutgebiete. In ihrer Sprache hieß die Wandertaube »Omimi« – eine lautmalerische Bezeichnung, die den Ruf des Vogels nachahmt. Die Indianer jagten die Tauben, indem sie auf Bäume kletterten und die Jungen aus den Nestern raubten. Die Squaws errichteten Böcke, auf denen sie von Tagesanbruch bis in die Nacht hinein Tauben rupften, ausnahmen und einsalzten. In Erwartung des erhöhten Passagieraufkommens verdreifachten und vervierfachten die Eisenbahngesellschaften die Anzahl ihrer Zugverbindungen. Großhändler aus Chicago charterten gleich ganze Züge für den Transport der Ware. Schätzungen zufolge eilten bei Frühlingsbeginn um die hunderttausend Jäger nach Wisconsin, oder genauer gesagt, in die Stadt Kilbourn, die am dichtesten bei den Brutplätzen lag.

Bei den Wäldern von Wisconsin angekommen, kreisten die Vögel lange über den Bäumen, bevor sie sich zum Nestbau niederließen. Nach wenigen Wochen trug

Sogar nachts schoß man auf die Tauben, die auf den Bäumen schliefen. Die Vögel richteten allerdings tatsächlich große Schäden in der Landwirtschaft an.

jeder Baum zehn bis hundert Nester. Zu schwache Äste brachen unter ihrem Gewicht.

Jeden Tag verließen die Männchen im Morgengrauen mit brausendem Flügelschlag, dessen Geräusch an Wellenrauschen erinnerte, den Wald, um in den Feldern auf Nahrungssuche zu gehen. Am Feldrand lagen die Jäger verborgen im Hinterhalt und erwarteten sie. Um einen guten Platz zu ergattern, verbrachten manche direkt an Ort und Stelle die Nacht. Wenn der Himmel sich im Osten zu färben begann, erzitterten die Buchen und Eichen des Waldes. Eine Art Sturm schüttelte die Zweige, ein gigantischer Luftzug entstand, der die Jäger noch in fünfhundert Metern Entfernung wie ein Schlag traf, dann ertönte das Geräusch von Millionen Flügeln aufsteigender Vögel. »Der Lärm war so groß«, berichtet ein Augenzeuge, »daß manche Jungjäger das Schießen vergaßen und mit den Händen auf die Ohren gepreßt das Schauspiel der vorüberfliegenden Vögel mit weit aufgerissenen Augen verfolgten.«

Die erfahrenen Jäger schossen, luden, schossen erneut, eingehüllt in Wolken schwarzen Pulverqualms. Nach wenigen Minuten waren die Flintenläufe so heiß, daß man sie kaum noch anfassen konnte. Der Lärm, den die abstürzenden Tauben verursachten, war so ohrenbetäubend, daß er sogar das Knallen der Schüsse übertönte. Eine hundert Kilometer lange, ununterbrochene Linie von Jägern schoß pausenlos auf die gefiederten Wolken. Kinder rannten hin und her und füllten Jutesäcke mit dem erlegten Wild. Etwas weiter vom Geschehen entfernt beluden die Frauen Maultiere oder füllten Fässer, die auf Kutschen geladen wurden. Obwohl ein Faß fünfhundert Tauben aufnehmen konnte, wurden bei erfolgreicher Jagd manchmal bis zu dreißig Stück an einem Tag gefüllt.

Am Ende eines Tages sah die Landschaft weiß, wie verschneit aus, da die Daunen der Tauben das Gras mit einer gleichmäßigen Schicht bedeckten. Unablässig fielen Federn vom Himmel und blieben in den Nüstern der Pferde und den Schnurrbärten der Männer hängen. Völlig übermüdet kehrten die Jäger nach dem Morgenstrich in die Dörfer zurück. Sie nahmen sich jedoch kaum Zeit zum Ausruhen, sondern kehrten abends auf ihren Posten zurück, diesmal um auf die Rückkehr der Tauben vor Sonnenuntergang zu warten.

Doch das Jahr 1899 bezeichnet schließlich das Verschwinden der Wandertaube im Staat Wisconsin: Die letzte wurde im September des Jahres von einem Jäger

Entenjagd in England Ende des 19. Jahrhunderts.
Stich von Henry Alken (London, 1821).

bei Babcock getötet, dort, wo 1947 ein Denkmal für die Wandertaube errichtet wurde.

Einige verirrte Schwärme strichen zwar noch immer über das Land, doch die Art war unrettbar zum Aussterben verurteilt. In den Zoos überlebten einige wenige Exemplare, die sich mehr schlecht als recht fortpflanzten, doch im Laufe der Jahre nahm ihre Zahl immer mehr ab. Die letzte Wandertaube Nordamerikas, ein Weibchen mit dem Namen Martha, starb am 1. September 1914 im Zoo von Cincinnati.

Man könnte sich fragen, ob ausschließlich die Jäger für das Aussterben dieser Art verantwortlich sind. Natürlich zogen sie großen Profit aus dem leicht jagdbaren Wild, doch während eines ganzen Jahrhunderts schien dies der Vogelpopulation nicht zu schaden. Warum dieses plötzliche Aussterben? Manche Experten führen außer der Jagd noch zwei weitere Gründe an: die niedrige Fortpflanzungsrate der Wandertauben – ein Ei pro Paar – und einschneidende Veränderungen ihres Lebensraums, insbesondere zurückzuführen auf die massive Holzrodung Mitte des 19. Jahrhunderts. Hält man sich den Rückgang der europäischen Rebhuhnpopulationen im 20. Jahrhundert aufgrund der sich ausbreitenden Monokulturen vor Augen, so kann man sich vorstellen, daß das Aussterben der Wandertaube auch durch die Veränderung ihres Biotops in erheblichem Maße beeinflußt wurde.

Schnepfenjäger in Europa und Kanada

Im Gegensatz zu den Jägern, deren Vergnügen an der Jagd mit der Anzahl der verschossenen Patronen steigt, hängt das Glück des Schnepfenjägers einzig und allein vom Erlegen jenes Wildes ab, das ihn am meisten fasziniert. Die Schnepfenjagd ist eine typisch europäische, besonders in Frankreich beliebte Jagdart, die hingegen in den Vereinigten Staaten und Kanada nur eine Handvoll Anhänger hat. Waldschnepfen sind geheimnisvolle Tiere. Über Häufigkeit und Bestandsdichte herrschen meist unklare Vorstellungen, und ihr Zugverhalten ist unvorhersehbar. Nie weiß man, wann genau die Schnepfen zurückkehren werden. Die Schnepfenjagd ist hauptsächlich in der Bretagne, im südwestfranzösischen Departement Les Landes, in Schottland und vor allem in Irland beliebt. Wenn der Herbst kommt, machen Jäger oft den größten Teil der Fluggäste aus, die auf

RECHTS: *Die Jagd auf Bekassinen erfordert Schnelligkeit und ein gutes Augenmaß. Hier zielt ein Jäger in den Sümpfen der Picardie (Frankreich) auf einen solchen Vogel.*
VORHERGEHENDE SEITEN: *Aufbruch zur Schnepfenjagd in der Heidelandschaft der Grafschaft Kerry (Irland). Eine schwierige Suche, deren Erfolg einerseits vom Vogelzug, andererseits aber auch von der körperlichen Fitneß der Jäger abhängt.*
FOLGENDE SEITEN: *Posten im Schilf in einem Sumpf der Camargue (Frankreich). Bemerkenswert ist die große Menge von Bläßhühnern, auf die man in dieser Gegend Treibjagden veranstaltet.*

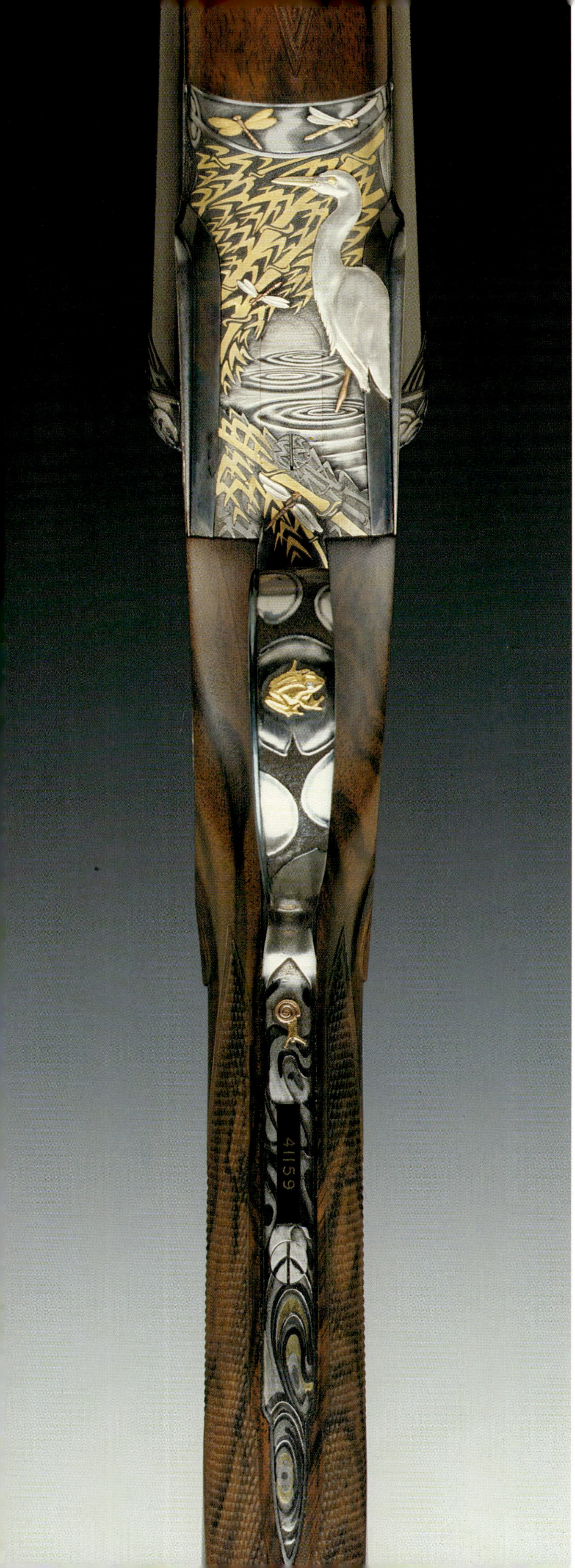

die Grüne Insel reisen. Im Gegensatz zur Treibjagd, bei der der physische Einsatz relativ gering ist, braucht man eine stabile Gesundheit, um auf der Schnepfenjagd die stundenlangen Märsche in strömendem Regen auszuhalten, bei denen der sumpfige Boden unter den Füßen wegsackt. Doch auch wenn die Strecke einmal eher mäßig ausfällt, geben sich Schnepfenjäger mit dem Resultat zufrieden, da für sie das Hauptvergnügen in der Jagd an sich und in der Suche mit dem Hund besteht. Unter Bedingungen, unter denen andere Jäger entmutigt aufgeben würden, fängt für Schnepfenjäger das Vergnügen erst an. Einige Gebiete, wie etwa Kerry im Südwesten Irlands, haben sich zu regelrechten Treffpunkten europäischer Schnepfenjäger entwickelt.

In der kanadischen Provinz Quebec wird Jagd auf die amerikanische Schnepfe gemacht. An vielen Orten sind Jagdcamps entstanden, die zahlreiche europäische Schnepfenjäger anziehen. Sie sind begeistert, daß sie ihre Hunde mitbringen dürfen und daß die Saison in Kanada zwei Monate früher beginnt als zu Hause, nämlich am 20. September.

Die ebene Landschaft Quebecs, in der sich Waldgebiete und landwirtschaftlich genutzte Flächen abwechseln, ist nicht besonders beeindruckend, außer, daß man dort Waschbärenkot findet und ständig von den Geräuschen zahlreicher vorüberziehender Schwärme kanadischer Wildgänse begleitet wird. In Quebec werden Schnepfen durch Stöbern mit Hunden gejagt. Dabei wird nach und nach jeder Schlupfwinkel im Dickicht durchkämmt. Espen, Erlen, Ahorne und Birken sind die häufigsten Baumarten im dortigen Laubwald. Ende September färben sich die Bäume gelb oder rot, und der Wald bietet in dieser Jahreszeit einen prächtigen Anblick. An einigen Stellen ist der Baumbestand aufgelockert, an anderen Stellen sehr dicht. Es gibt nur wenige Brombeersträucher, dafür hohes Gras, unter dem sich umgestürzte Baumstämme verbergen. Man muß beim Gehen aufpassen, um nicht zu stolpern und zu fallen. Manchmal trifft man auf merkwürdige Schneisen im Wald: versteckte Cannabisfelder, nach denen zwar mit Hubschraubern gesucht wird, doch, wie man sich vorstellen kann, mit wenig Erfolg.

Die amerikanische Schnepfe hat viel mit ihrer europäischen Verwandten gemein: dieselbe Unberechenbar-

LINKS: *Flinte von Holland & Holland.*
RECHTS: *Bei der Hüttenjagd – einer französischen Spezialität – werden lebende Enten als Lockvögel vor der Ansitzhütte plaziert, um das Wild während der Nacht anzulocken.*

keit, dasselbe Gestüber (Kot) und dasselbe steile Aufstehen. Oft sieht man sie im Zickzackflug streichen wie einen Schmetterling, um sich dann plötzlich niederzulassen, in den Blättern herumzuhüpfen oder wie ein Maultier auf dem Boden entlang zu trotten. Es gibt daher beim Schießen des Wildes sehr unterschiedliche Schwierigkeitsgrade. In manchen Fällen möchte man gar nicht abdrücken, aus Angst, das Tier mit dem Schuß in Fetzen zu reißen, und manchmal fliegt der Vogel doppelt so schnell wie unsere einheimischen Schnepfen aus den Hegereisern empor und macht sich davon. Es ist in jedem Fall unwahrscheinlich, eine Schnepfe auf eine Entfernung von mehr als zwanzig Metern zu treffen: ideale Gegebenheiten für die Freunde kleiner Kaliber.

Amerikanische Schnepfen sind klein und zart und weisen eine schöne rote Kehlfärbung auf, ähnlich der des Isländischen Strandläufers während der Balzzeit. Wegen seiner geringen Größe braucht man fast eine Pinzette, um dem Vogel den Schnepfenbart abzunehmen. Die Bestandsdichte der amerikanischen Schnepfen ist mit der in Irland vergleichbar: Ein guter Jäger, der auch gut zu Fuß ist, kann im Durchschnitt drei Vögel pro Tag erlegen.

USA: Die Truthahnjagd

Die Truthahnjagd gehört in den Vereinigten Staaten zu den beliebtesten Jagdarten, und nur wenige Jäger aus dem Staat New York lassen sich die Eröffnung am ersten Mai entgehen. Die Schönheit des Vogels, sein Gewicht (zwischen 7 und 15 Kilogramm), seine Scheu sowie nicht zuletzt der gute Geschmack seines Fleisches haben ihn berühmt gemacht. In den Jahren um 1800 wurden die Bestände stark dezimiert, doch heute sind die wilden Truthähne dank der Wiederansiedlungspolitik des Umweltamtes in den 1950er Jahren erneut sehr zahlreich.

Im Staat Florida leben schätzungsweise 100 000 Truthähne, in Texas 550 000, in Virginia 90 000 und im Staat New York 35 000 Stück. Die Populationsdichte variiert von Jahr zu Jahr, je nach Nahrungsangebot, der Witterung im Winter, eventuellen Überschwemmungen, Trockenzeiten und Waldbränden. Die Jagdbeschränkungen sind sehr streng: Jeder Jäger darf im Monat Mai zwei Truthähne erlegen sowie nochmals zwei Vögel (männlich oder weiblich) im Herbst. Die Technik besteht darin, sich zu verbergen und die Männchen anzulocken, indem man den Ruf des Weibchens mit Hilfe verschiedener Locken nachahmt.

Die Wasserjagd

Bei der Wasserjagd handelt es sich um die Jagd auf Wasserwild – etwa Enten, Bekassinen und bestimmte Watvögel – an Gewässern, z. B. im Schilf oder an der Meeresküste. Die Wasserjagd wird auf sehr unterschiedliche Arten betrieben; nicht zuletzt hat jedes Land seine Eigenheiten: In Holland fängt man Enten mit Netzreusen, in Frankreich geht man auf die Hüttenjagd – mit lebenden und künstlichen Lockvögeln vor einer in der Vegetation versteckten Ansitzhütte –, in Kanada wiederum jagt man von speziellen Kähnen aus, mitten auf dem Sankt-Lorenz-Strom halb im Wasser stehend. Wasserwild übt eine besondere Faszination auf jene Jäger aus, die die freie Natur lieben und beispielsweise das Verhalten von Zugvögeln gern und mit großer Ausdauer beobachten.

Frankreich: Die Hüttenjagd

Die Somme-Bucht, die Seine-Bucht und die Authie-Bucht sind in Frankreich die Hauptgebiete der Hüttenjagd, bei der man in einer Ansitzhütte zusammen mit Freunden die Nacht mit der Beobachtung der Lichtreflexe auf dem Gewässer verbringt. Einen fast mythischen Ort schuf der Vicomte Brossin de Méré, als er 1904 im Sumpfgebiet von Sailly-Bray die sogenannte »Ansitzhütte der 400 Schuß« errichtete, die sowohl wegen der Persönlichkeit ihres Erbauers als auch aufgrund ihrer Konstruktion berühmt geworden ist. Der Vicomte, ein passionierter Wasserjäger, ruht heute auf dem kleinen Friedhof von Noyelles-sur-Mer unter einer mit Enten und Bekassinen geschmückten Grabstelle.

Bei der »Hütte« handelt es sich in Wahrheit um ein richtiges Wohnhaus, das halb in die Erde eingegraben ist, mit Küche, Speiseraum, Wohnzimmer, Gäste- und Badezimmer. Im Gegensatz zu einem weitverbreiteten Gerücht verdankt das Haus seinen Namen nicht etwa einem Blutbad. Der Vicomte hatte lediglich seine Wachleute gebeten, zur Einweihung des Gebäudes vierhundertmal in die Luft zu schießen. Doch das Gerücht verselbständigte sich rasch, und so glaubte manch ein Jäger, hier die Strecke seines Lebens erlegen zu können. Natürlich zu Unrecht: Die Hütte ist gut, garantiert aber noch keine aufsehenerregenden Jagderfolge. Vor kurzem wurde sie vom Generalrat des Departements Somme erworben, der sie unter strengen Auflagen an interessierte Jäger vermietet. In dem halb in der Erde liegenden Haus mit seinen holzverkleideten Decken und seinen mit

Die Jagd auf Wasserwild verlangt eine gute Tarnung, da die Vögel einen scharfen Blick besitzen.

Kupfer eingefaßten runden Fenstern kommt man sich vor wie auf einem Schiff. Efeu und andere Kletterpflanzen haben das Gebäude überwuchert, so daß es perfekt mit der Umgebung verschmilzt. Die luxuriöse »Hütte« ist mit allem ausgestattet, was das Herz begehrt: Es gibt ein Gehege mit Lockvögeln, so groß wie ein Swimmingpool, einen Hundezwinger, ein Bootshaus und sogar einen gekachelten, mit Fliegendraht geschützten Zerwirkraum zum Aufhängen und Zerwirken des Wildes. In dieser Gegend werden ab Januar Stockenten, Pfeifenten, Krickenten, Schnatterenten und Graugänse gejagt. Das Sumpfgebiet, in dem die Bekassinen leben, ist zu Beginn der Saison (Juli–August) sehr empfehlenswert, wird aber schwer zugänglich, sobald es anfängt zu regnen, weil man oft bis zur Hüfte im Morast versinkt. Da die Verwalter inzwischen für eine Verbesserung dieser Zustände gesorgt haben, läßt es sich dort heute wahrscheinlich besser jagen als noch vor fünfzig Jahren. Die »Hütte der vierhundert Schuß« hat jedenfalls ihren Erbauer überlebt. Sie ist heute allgemein zugänglich.

Zahlreiche französische Wasserjäger begeben sich auch in das Gebiet von La Dombes, um dort die sogenannte Faßjagd zu betreiben. Nördlich von Lyon, auf einer Hochebene ca. 280 m über dem Meeresspiegel, erstreckt sich das ausgedehnte Sumpfgebiet La Dombes. Es bildet die Ausläufer der Bresse-Landschaft und zieht sich entlang des Saône-Tals und der Ain-Ebene bis in den Norden von Lyon: insgesamt 10 000 Hektar Sumpflandschaft, die sich seit Jahrhunderten kaum verändert hat. Die Jagd hat dazu beigetragen, daß ein Zehntel der Oberfläche noch von stehenden Gewässern bedeckt ist. Diese großen und kleinen Seen (zwischen fünf und über hundert Hektar groß) werden in erster Linie für die Jagd genutzt, darüber hinaus noch für die Fischzucht. Die Jagden sind überwiegend in privater Hand, doch das Ansitzrecht auf Straßen und Wegen während des Morgen- und Abendstrichs erlaubt es auch anderen ortsansässigen Jägern, am Jagdvergnügen teilzuhaben.

Die Bestandsdichte der Enten – Stockenten, Krickenten, Löffelenten, Schnatterenten, Tafelenten und Reiherenten – auf den schönsten Teichen ist schier unvorstellbar. Bei Saisoneröffnung erblickt man Tausende von Vögeln, die sich gleichzeitig aufschwingen und den Himmel unaufhörlich mit zebraartigen Streifen überziehen. Die Jäger warten in Fässern, die zur Hälfte auf kleinen Deichen oder Inseln im Boden vergraben sind

Ein Griffon – ein rauhhaariger Vorstehhund – vor einer Stockente. Gemälde von Jean-Baptiste Siméon Chardin (1699–1779).

und vor denen der Jagdaufseher je ca. zwanzig Lockvögel aufstellt. Geschossen wird in dem Moment, in dem die Entenvögel flügelschlagend und neugierig näher kommen. Auf den besten Teichen ist eine Strecke von zwölf Enten in drei Stunden gang und gäbe. Nach Ende der Jagd fährt der Jagdaufseher zusammen mit seinem Labrador in einem Kahn, den er mit einer Stange bewegt, auf das Gewässer hinaus, um die erlegten und verletzten Vögel einzusammeln. Die Jäger gehen nicht selbst ins Wasser, da der Boden so schlammig ist, daß man Gefahr läuft, stecken zu bleiben. Die Bejagung ist von Ort zu Ort verschieden intensiv. Wenn der Eigentümer zahlende Teilhaber nimmt, damit sich seine Investitionen amortisieren, kann sie recht stark sein, an anderen Orten wieder ist sie sehr gering. An einigen Gewässern von hundert Hektar Größe wird zweimal pro Monat mit fünf oder sechs Jägern gejagt. Es sei erwähnt, daß die französische Organisation O.N.C. in dieser Gegend Naturschutzgebiete ausgewiesen hat, die die Enten genau kennen. Daher hat La Dombes für die Wasservögel mehr Ähnlichkeit mit einem Naturpark als mit einer tödlichen Falle.

Mit seinem Röhricht, seinen Binsen und seinen Seen hat La Dombes sich einen natürlichen, wilden Charakter bewahrt, der nicht nur eine große Zahl Enten, sondern auch Wasserjäger aus ganz Europa anzieht, besonders die begüterten Jäger aus der Schweiz, die in unmittelbarer Nähe dieses Paradieses leben.

Quebec: Die caleuse*-Jagd*

In Quebec hat sich auf dem Sankt-Lorenz-Strom eine interessante Spielart der Wasserjagd entwickelt: die *caleuse*-Jagd. Bei der sogenannten *caleuse* handelt sich um einen Kahn mit plattem Boden, der eine Öffnung hat, in die eine Art Metallwanne eingelassen ist. Um im Wasser keinen zu starken Widerstand zu bieten, kann die Wanne um eine Achse hochgeklappt und auf das Deck gelegt werden. Im Morgengrauen brechen die Jäger in einem starken Außenborder auf, der die *caleuse* hinter sich her zieht. Sehr bald bekommt man das Gefühl, auf dem Wasser die Orientierung zu verlieren. Der Sankt-Lorenz-Strom ist an einigen Stellen mehrere Kilometer breit, und der Steuermann muß ihn ganz genau kennen, um sich zurechtzufinden. Das schwarze, silbern glitzernde Wasser gleitet unter dem Bug dahin, und ein eisiger Wind weht den Passagieren ins Gesicht. Die Jäger, die stundenlang bewegungslos verharren müssen, sind in warme Kleidung eingepackt und verhüllen die Gesichter mit einem Kopfschutz.

Nach einer halben Stunde Fahrt ändert sich die bis dahin eintönige Landschaft, Schilfbänke tauchen auf, und die Wassertiefe nimmt ab. Das Boot verlangsamt die Fahrt, damit die *caleuse* vor Anker gehen kann. Mit Hilfe einer Kurbel läßt der Steuermann, nachdem er das Boot verankert hat, die metallene Wanne in das Loch hinunter. Die Jäger verlassen den Außenborder, klettern in den Kahn und steigen in die Wanne, die Nase auf einer Höhe mit der Wasserlinie. Im Rücken schützt sie ein metallener Paravent vor dem Wellenschlag. Dann bringt der Bootsführer Lockvögel aus – manchmal bis zu hundert Stück –, die rund um das Boot verteilt werden. Nun entfernt er sich ca. 500 m weit und kommt erst wieder, um die erlegten Vögel einzusammeln. Durch ein Fernglas kann er sehen, an welcher Stelle sie hinuntergestürzt sind. Alles ist ruhig auf dem großen Fluß. Hineingekauert in ihre schützende Wanne beobachten die Jäger, wie sich der Himmel langsam rosa färbt. Schatten tanzen auf dem Wasser wie bei einem indonesischen Puppenspiel. Ein Reiher fliegt vorüber und stößt seinen Ruf aus, der wie eine verstopfte Trompete klingt. Und dann, nach und nach, streichen die ersten Enten, bald hoch am Himmel, als unscharfe Umrisse, die sich nur durch das Geräusch ihres Flügelschlagens bemerkbar machen, bald knapp über dem Wasser. Man schießt die Vögel im Flug – und nicht, wie bei der Hüttenjagd, auf dem Wasser liegend –, in dem Augenblick, in dem die Enten über ihren falschen Artgenossen kreisen. Diese Jagdtechnik ist zwar auch für Schwimmenten geeignet (Stockenten, Krickenten und Pfeifenten), doch die besten Resultate erzielt man bei Tauchenten (Schellenten, Tafelenten und Reiherenten).

Es ist ein seltsames Gefühl, halb im Wasser zu stehen und die Enten in Augenhöhe pfeilschnell über die Wasseroberfläche streichen zu sehen. Wenn die Wanne rissig ist, muß man regelmäßig Wasser schöpfen. Nach drei Stunden Jagd, wenn der Morgenstrich vorüber ist, holt das Motorboot die Abenteurer vom Sankt-Lorenz-Strom wieder ab und bringt sie zurück zum Ausgangspunkt an Land.

Caleuse-*Jagd auf dem Saint-Jean-See im kanadischen Quebec. Der Jäger treibt mit seinem Boot mitten im Strom, die Wasseroberfläche in Augenhöhe beobachtend, und richtet sich nur auf, um zu schießen.*

Safaris – Abenteuer in der Wildnis

Jäger empfinden stets ein besonderes Vergnügen dabei, unbekanntes Wild und neue Arten der Jagd zu entdecken. Die Afrika-Expeditionen früherer Zeiten waren ausgesprochen exotisch. Heutzutage sind Safaris Teil touristischer Programme, doch lange Zeit mußte man dazu außergewöhnliche Abenteuer auf sich nehmen.

Afrika: Die Zeit der Entdecker

Der afrikanische Kontinent entfachte wie kein anderer das Jagdfieber europäischer Jäger. Die Verhältnisse dort erinnerten an das biblische Paradies: eine Welt, in der die Tiere gemächlich über unendlich weites Land zogen und wo man nur wenige Menschen antraf. Bis zur Mitte des 19. Jahrhunderts bewahrte der Schwarze Kontinent seine Geheimnisse, und die Weißen wagten sich gar nicht oder nur selten dorthin. Erst während der Kolonialzeit begannen die europäischen Nationen, das Land zu erforschen. England, Belgien und Deutschland – um nur die Pionierländer zu nennen – sandten Expeditionen aus: lange Reihen von Trägern, angeführt von Weißen, deren Köpfe mit Tropenhelmen geschützt waren. Die Expeditionsleiter waren harte, manchmal sogar brutale Männer, die während der kräftezehrenden Märsche vor keiner Gefahr zurückschreckten.

Die großen Expeditionen der Kolonialzeit sind untrennbar mit den Namen mutiger Männer wie Jean-Baptiste Marchand, Henry Morton Stanley, David Livingstone und Pierre Savorgnan de Brazza verknüpft. Sie machten sich auf den Weg ins Innere eines gefährlichen Kontinents, ohne zu wissen, ob sie je wiederkehren würden. Dreihundertvierundsiebzig Expeditionsteilnehmer blieben im Laufe der Zeit in Afrika verschollen. Doch die entschlossenen Forscher ließen sich von den zu erwartenden Widrigkeiten nicht abschrecken. Afrika

Rechts: *Die Roosevelts, Vater und Sohn, präsentieren einige schöne Trophäen von Elenantilopen.*
Folgende Seiten: *Starke Überbejagung und unkontrollierbare Wilderei haben beinahe zum Aussterben des Nashorns geführt. Königin Elisabeth von England bei der Nashornjagd in Indien (rechts).*
Folgende Seiten: *Ein Safaritroß beim Durchqueren einer Furt. Zu Beginn des 20. Jahrhunderts mußten für solche Expeditionen Dutzende von Trägern angeheuert werden, und man war oft monatelang unterwegs.*

Stanley (links) und Livingstone (rechts): Zwei Männer vom selben Schlag, die beide auf ihre Weise entscheidend zur Erforschung Äquatorialafrikas beigetragen haben.

wurde erobert: Die europäischen Länder hatten großes Interesse daran, ihre Herrschaftsbereiche auszudehnen und auf dem dunklen Kontinent Kolonien zu gründen, was allerdings zu heftigen Streitigkeiten führte. Jede Nation wollte den anderen zuvorkommen.

Die Faschodakrise ist ein typisches Beispiel für die damaligen Kolonialkonflikte. Faschoda (= Kodok) ist eine Stadt im Sudan am Oberlauf des Weißen Nils, kurz hinter dem Zusammenfluß des Bahr el-Ghazal und des Sobat. Die Franzosen schickten eine Expedition in diese Region aus, um eine Route nach Abessinien, dem heutigen Äthiopien, zu finden. Sie wollten damit eine direkte Verbindung der Engländer vom Kap bis nach Kairo verhindern. Der französische General Jean-Baptiste Marchand (1863–1934) führte die Expedition an: Zehn Weiße in Begleitung einer Gruppe Schwarzer kämpften sich wochenlang durch die Sümpfe, um diese menschenfeindliche Region für Frankreich in Besitz zu nehmen. Sie errichteten schließlich in Faschoda ein kleines Fort, das kurz darauf von Mahdisten angegriffen wurde. Diese wurden erfolgreich abgewehrt und zogen sich zurück; später wurden sie von Earl Kitchener, dem Eroberer von Khartoum, vernichtend geschlagen.

Zwei Monate nach den Franzosen erreichte der britische General Faschoda und verlangte die Räumung der Stadt. Marchand ging darauf nicht ein, doch die Engländer umzingelten Faschoda und bedrohten die Stadt mit ihren Kanonen. Nach intensiven diplomatischen Verhandlungen erhielt Marchand schließlich den Befehl, sich zurückzuziehen, um einen Krieg zwischen Frankreich und England zu vermeiden. Die Franzosen gaben das Fort auf, lehnten die Schiffe ab, die Earl Kitchener ihnen anbot und setzten ihre Expedition fort. Sie überwanden die Berge Äthiopiens und erreichten Dschibuti. Militärische und zivile Expeditionen waren damals noch nicht klar voneinander abgegrenzt: Den zivilen Forschern folgten häufig bewaffnete Schutztruppen und Wissenschaftler, während Naturforscher sich durchaus auch militärischen Unternehmungen anschlossen.

Der französische Forscher und Kolonisator Pierre Savorgnan de Brazza (1852–1905) brach von der Küste Gabuns zu seinen Erkundungen auf. Bewaffnet mit einer Winchester 1866, erforschte er 1875 bis 1878 den Ogowelauf. Im Gegensatz zum britischen Forschungsreisenden Henry Morton Stanley, der der Bevölkerung gegenüber oft grausam gewesen sein soll, gebrauchte Brazza nie Gewalt, um die Einheimischen für sich zu gewinnen. Auf seiner zweiten Reise (1880–1882) gelangte er am Ogowe und Alima entlang bis an den Kongo, wo er Brazzaville gründete und beim Aufbau der Kolonie Französisch-Äquatorialafrika half. Er erforschte als

Als Stanley nach monatelanger Suche endlich Livingstone fand, begrüßte er ihn mit den trockenen Worten: »Dr. Livingstone, I presume?« (»Dr. Livingstone, wie ich vermute?«)

erster systematisch das Kongobecken, insbesondere den Fluß Sangha. Dort soll sich einigen französischen Großwildjagdführern zufolge die letzte Zufluchtstätte des Mokélébembé befinden, eines dinosaurierartigen Geschöpfs. Einheimische Jäger haben angeblich noch in den 1970er Jahren mit Hilfe eines Walls aus angespitzten Pflöcken eines dieser Tiere erlegt, doch stichhaltige Beweise dafür konnten nie erbracht werden, obwohl sofort Expeditionen, allen voran amerikanische, zum Ort des Geschehens entsandt wurden.

Brazza war schon allein was seine äußere Erscheinung anging ein beeindruckender Mann: hohe Lederstiefel, die bis über die Knie reichten, ein schwarzes, weites Hemd und weiße Hosen, mit feurigem Blick unter dichten Augenbrauen sowie einem schwarzen Vollbart. Für ihn war die Jagd nur Mittel zum Zweck: Er mußte Nahrung für seine Männer beschaffen. Charles de Chavanne, Brazzas Privatsekretär, berichtet darüber in seinen Reiseaufzeichnungen: »16. August 1885: Gehe auf die Jagd, um meine Leute zu versorgen. Habe drei Nilpferde erlegt.« Gelegentlich töteten sie auch Elefanten, wobei es ihnen gleichgültig war, ob sie ein Tier dabei unnötig verletzten: Vermutlich handelte es sich eher um eine Art Abschlachten als um weidgerechte Jagd. Sie schossen auf gut Glück auf eine Entfernung von hundert Metern oder sogar noch mehr. In der Nähe des kleinen Dorfs Impala tötete Chavanne einen Elefantenbullen und gab dazu noch ungezielte Schüsse auf den Rest der Herde ab, wobei er mehrere Tiere verwundete, bevor sie flüchten konnten.

Der britische Missionar und Forschungsreisende David Livingstone (1813–1873) ist seinerseits ebenfalls zu einer Legende geworden. Der Sohn eines Pastors verließ 1840 nach seinem Medizinstudium England und reiste nach Betschuanaland (im heutigen Botswana). Dort predigte, lehrte, heilte und bekehrte er. Das damalige Interesse der Pastoren und Missionare an Afrika war nicht nur irdischer Natur; sie wollten vor allem die Seelen der Menschen gewinnen. Um die Einheimischen zum christlichen Glauben zu bekehren, setzten sie sich intensiv mit ihnen auseinander.

Livingstone gelang es, eine gute Beziehung zur Bevölkerung aufzubauen, und er drang immer weiter in den riesigen Kontinent vor. Er erforschte die nördliche Kalahari, entdeckte die Quellen des Sambesi, durchquerte Afrika von Ost nach West, besuchte São Paulo de Luanda (das heutige Luanda) im portugiesischen Angola und kehrte am 20. Mai 1856 nach Quelimane an der Küste Moçambiques zurück. Nach einem kurzen Aufenthalt in England reiste er erneut nach Afrika, setzte sich für die Befreiung der Sklaven ein, die arabischen Sklavenhändlern gehörten, und fuhr stets damit fort, die Bevölkerung zu missionieren und in ihrem Glauben zu festigen. Nachdem er große Teile Afrikas durchstreift, den Njassasee entdeckt und den Lauf des Sambesi erforscht hatte, gelangte er in das Gebiet des Tanganjikasees. Seitdem galt er als verschollen. Dieses Schicksal führte dazu, daß sich ein weiterer außergewöhnlicher Abenteurer auf die Suche nach ihm begab.

Der britische Journalist und Forschungsreisende John Rowlands (1841–1904) hatte zwar nicht, wie Brazza, die Marineakademie besucht. Doch er war als Schiffsjunge zur See gefahren und von einem Kaufmann aus New Orleans adoptiert worden, dessen Namen er annahm: Henry Morton Stanley. Während des Sezessionskriegs kämpfte Stanley für die Streitkräfte der Konföderierten, danach wurde er Journalist. 1869 beauftragte ihn der leitende Direktor des *New York Herald*, im Herzen von Äquatorialafrika Livingstone aufzuspüren, von dem man seit drei Jahren nichts mehr gehört hatte. Ein gewagtes Unternehmen, doch Stanley war voller Abenteuerlust und nahm die Herausforderung an. Wie seine Reiseaufzeichnungen beweisen, war er nicht nur Journalist und Forschungsreisender, sondern auch Jäger. Er berichtet u. a. folgendes: »*Als ich hinter einem Felsen hervortrat, erblickte ich drei Springböcke, wohlgenährte Tiere, die ca. hundert Schritt von mir entfernt grasten. Ich ging auf die Knie und drückte auf den Abzug. Eine der drei weidenden Antilopen zuckte hoch und brach tot zusammen. Die beiden anderen Tiere flüchteten in großen Sprüngen von je zwölf Fuß und verschwanden, hüpfend wie Gummibälle, hinter einer kleinen Anhöhe.*«*

Stanley liebte den afrikanischen Busch und sprach in gefühlvollen, fast naiven Worten von seinen Bewohnern: Trappen, Fischadler, Zebras, Antilopen, Giraffen und Büffel. »*Nie war mir so deutlich bewußt, daß ich mich im Inneren des afrikanischen Kontinents befand. Ich wurde einen Moment lang von Stolz erfüllt und fühlte mich als Herr über dieses weite Land, das von so edlen Tieren bevölkert wird. In Reichweite meiner Kugeln befanden sich die unterschiedlichsten Lebewesen, der Stolz des afrikanischen Buschs. Ich konnte unter ihnen wählen, sie gehörten mir. Sie waren mein, ohne daß ich einen Pfennig für sie bezahlen mußte und ohne daß sie mir jemand streitig machen konnte.*«*

Stanley ging täglich auf die Jagd, vermied jedoch unnötiges Töten. »*Ein Zebra und ein Springbock erschienen mir ausreichend für einen Tag, besonders nach einem langen Marsch.*«*

Stanley hatte das Glück auf seiner Seite, erfüllte seine Mission und brachte sie mit den Worten zu Ende: »Doctor Livingstone, I presume?« (»Doktor Livingstone, wie ich vermute?«) – ein Satz, der um die ganze Welt gehen sollte. Stanley fand den erschöpften Forschungsreisenden am Rande des Tanganjikasees, und seine Mission wurde so berühmt, daß sie das Ende Livingstones letztendlich überschattete. Warum wollte dieser sich Stanley nicht anschließen, obwohl er am Ende seiner Kräfte war? Vermutlich wußte er, wie nahe er dem Tod war und wollte bei den Menschen sterben, die er liebte und die seine Zuneigung erwiderten. Als er starb, nahmen die Schwarzen ihm das Herz heraus und vergruben es in ihrer Erde, obwohl eine solche Handlung eigentlich den Stammesriten widersprach. Eine Leiche zu berühren galt als unreine Handlung, die böse Geister herbeibeschwören konnte. Danach balsamierten sie Livingstones körperliche Überreste ein und transportierten sie zur Küste. Sie legten den anstrengenden Marsch von 2500 Kilometern bis zum Meer in vier Monaten zurück. Im Februar 1874 erreichten sie Sansibar. Die örtlichen Behörden sorgten für den Rücktransport von Livingstones sterblichen Überresten in seine Heimat, wo er in der Westminster Abbey beigesetzt wurde. Neben seinem Sarg ging einer der Stammesangehörigen, ein Mitglied der ergebenen Eskorte, welche Livingstone in sein Heimatland begleitet hatte.

LÖWEN- UND LEOPARDENKILLER

In den französischen Kolonien Nordafrikas gab es zwei Männer, die sich selbst als »Killer« bezeichneten: Jules Gérard, der »Löwenkiller«, und Bombonnel, der »Leopardenkiller«.

Gérard wurde 1817 in Toulon als Sohn eines Verwaltungsangestellten geboren. Nach einer ziellosen, wilden Jugend trat er am 13. Juni 1842 dem dritten Reiterregiment der Spahi in Bône bei, dem eigentlich nur Einheimische angehörten, weil er am Krieg gegen Abd el Kader teilnehmen wollte. Nachdem er rasch in den Rang eines Gefreiten aufgestiegen war, kam ihm eines Tages zu Ohren, daß ein menschenfressender

RECHTS: *Ein Löwe, gefangen in einem Netz. Der Jäger scheint sich der drohenden Gefahr nicht bewußt zu sein und stellt sich dem Tier in der Haltung eines Toreros gegenüber.*

FOLGENDE SEITEN: *Eine gefährliche Situation: Der Jäger hat nur ein paar Sekunden Zeit, dem verwundeten Löwen den Fangschuß zu geben. Ein Fehlschuß bedeutet den sicheren Tod.*

Löwe in einer gefährlichen Gegend siebzig Kilometer von der Militärbasis entfernt für große Verluste gesorgt hatte. Der unerschrockene Gérard meldete sich freiwillig zur Löwenjagd. Sein Vorgesetzter war einverstanden, und so packte Gérard ein paar Sachen zusammen, nahm sein Gewehr und schwang sich auf sein Pferd. Auf dem Appellhof rief ihm ein Unteroffizier hinterher:

– He, Jules, hast du dein Testament gemacht?

– Ja, habe ich. Meinen Körper hab' ich dem Löwenmaul vermacht, und meine Seele Gott.

Diese wenigen Worte sind charakteristisch für Jules Gérard. In den Büchern, die er später verfaßte, verfiel der »Löwenkiller« in einen recht kitschigen Sprachstil. Hundertmal warf ihn das »grauenhafte Biest« zu Boden, und genauso oft wurde der »kühne Franzose« mit ihm fertig. Selbst zwischen den Tatzen des Monsters bewahrte Jules einen kühlen Kopf und versuchte, dem Tier das Gewehr »bis zum Schaft« ins Maul zu stoßen. Warum jagte er die Löwen mit einer solchen Besessenheit? Seine Erklärung: Die Löwen galten als Bedrohung für die Bevölkerung, und »wir Franzosen lieben es eben, um einer guten Tat willen zur Not dem Tod ins Auge zu blicken«. Bekannt wurde auch der von Gérard geprägte Aphorismus: »Um Löwen zu jagen, muß man zu zweit sein: Löwe und Jäger.«

Trotz aller Aufschneidereien hatten die Bücher Jules Gérards in Frankreich einen beträchtlichen Erfolg, ebenso wie die Werke Bombonnels, des »Leopardenkillers«. Bombonnel (1816–1890) hatte in Amerika ein Vermögen gemacht und Land in Algerien gekauft. Er verfolgte die Leoparden mit demselben Haß wie Jules Gérard die Löwen. Es kam vor, daß er einem Tier mit der blanken Waffe gegenübertrat und ihm nach einem heftigen Kampf die Kehle durchschnitt. Sein Biograph Eugène de Mirecourt berichtet: »Eine Sache erstaunte die Araber: Daß der Bezwinger der Atlasleoparden nicht zum Generalgouverneur Algeriens ernannt wurde.« Wie undankbar!

Die ersten Safaris

Expeditionen nach Afrika waren in der feinen Gesellschaft Europas und Amerikas ungeheuer populär. Viele träumten davon, auch einmal ein solches Abenteuer zu erleben. Besonders die Jäger fühlten sich stark zu dem bereits halb erschlossenen afrikanischen Kontinent hingezogen, wo so viele Raubtiere lebten, mit denen sie sich nur zu gerne einmal messen wollten.

Damals gab es noch keine Flugzeuge, mit denen man Afrika von Europa aus innerhalb weniger Stunden erreichen kann. Eine Jagdexpedition auszurüsten erforderte monatelange Vorbereitungen, Beziehungen, viel Geld und ein ausgeprägtes Organisationstalent. Danach war man wochenlang mit dem Schiff zu den fernen Küsten unterwegs. Vor Ort mußte man dann Träger engagieren, Führer auftreiben sowie Fährtensucher, Köche, Tier- und Trophäenpräparatoren einstellen. Erst dann zog die Karawane langsam über die Savanne oder durch den Busch, stets bedroht von kriegerischen Stämmen. Die medizinische Versorgung war rudimentär, und Rettungsmöglichkeiten gab es noch nicht. Eine ernsthafte Wunde, der Angriff eines Raubtieres oder ein gefährliches Fieber bedeuteten den sicheren Tod. Von dreihundertneunundfünfzig Trägern, die Stanley für eine seiner Expeditionen angeworben hatte, starben über zweihundert.

Dennoch hatte die weidmännische Leidenschaft derart um sich gegriffen, daß es einen regelrechten Andrang auf die Jagd nach Büffeln, Löwen, großen Antilopen und Krokodilen gab. Von keinerlei Regeln eingeschränkt, schoß man auf alles, was sich bewegte, vom Papagei bis zum Nilpferd. 1910 brachen der amerikanische Präsident Theodore Roosevelt und sein Sohn Kermit von New York aus zu einer Jagdexpedition und naturwissenschaftlichen Forschungsreise auf. Die beiden Männer wurden von drei Wissenschaftlern begleitet, und die Expeditionsleitung hatten sie sicherheitshalber Frederick Courteney Selous anvertraut, dem, laut Roosevelt, »besten Jäger der Welt«, der schon seit vierzig Jahren in Ostafrika jagte.

Selous, ein blonder Riese, schoß freihändig mit einer kurzläufigen Büchse im Kaliber 4, deren Schaft bei jedem Schuß durch den Rückstoß tief in die rechte Wange einschnitt. Über eine seiner ersten Unternehmungen 1872 in Rhodesien schrieb er: »*Mit diesen beiden Büchsen sowie einer ähnlichen von 14 Pfund (6,3 kg), die ich von einem dänischen Jäger erwarb, und nur unter der Verwendung des üblichen Schwarzpulvers, das die Kaffern in Fünf-Pfund-Säcken kaufen, tötete ich innerhalb dreier Jagdsaisons 78 Elefanten. [...] Heutzutage schieße ich mit den besten Großkaliberwaffen, die*

RECHTS: *Zwar hat hier offensichtlich der Mensch den Sieg gegen den Leoparden davongetragen, doch den Verbänden an Arm und Handgelenk nach zu urteilen, war es ein harter Kampf.*
FOLGENDE SEITEN: *Frederick Courteney Selous, einer der Pioniere der Großwildjagd in Afrika, mit einer Großtrappe.*

man über den Verschluß lädt, und mit dem besten Pulver von Curtis und Harvey; doch nie habe ich besser geschossen als mit den alten Vorderladern.«

Man könnte sich eine Weile bei seiner nebenbei erwähnten Jagdstrecke – 78 Elefanten in drei Saisons, also 26 Dickhäuter pro Saison – aufhalten, doch damals galt dies einfach nur als anständige Strecke und war nichts Besonderes. Wenn man bedenkt, daß der Jäger bei jedem Schuß von einer schwarzen Pulverqualmwolke eingehüllt wurde, durch die ihm die Reaktionen des Wilds verborgen blieben, muß man zugeben, daß Selous großes Glück hatte, lediglich mit ein paar blauen Flecken vom Rückstoß seiner Waffe davongekommen zu sein. Theodore Roosevelt, der sich mit ihm auf einem Schiff in Neapel traf, verbrachte ganze Abende damit, seinen Geschichten zu lauschen. Begeistert begab er sich auf die lange Reise, die ihn von Mombasa (Kenia) bis in den Sudan führte. Die Roosevelts, in Jodhpurhosen und Stiefeln, einen Tropenhelm auf dem Kopf, reisten zu Pferd. Jeden Abend pflanzten sie die amerikanische Flagge vor ihrem Zelt auf. Theodore Roosevelt erlegte eigenhändig 296 Tiere: Elefanten, Löwen, Büffel und natürlich Antilopen, doch auch einen Ibis, einen Marabu (in vollem Flug), einen Pelikan, mehrere Affen, drei Pythons und einen Fischadler – zur Freude der Naturforscher, deren Sammlung damit kontinuierlich erweitert wurde.

Die ersten Großwildjäger Afrikas waren Einzelgänger, die nur für ihre eigenen Zwecke jagten. Manche arbeiteten später als Jagdführer. Die Jäger Gordon, Cumming und Drummond gehörten, ebenso wie Selous, zu den britischen Pionieren Ostafrikas.

Manche Männer fühlten sich erst spät zum Großwildjäger berufen. Viele waren anfangs nur Abenteurer, die zur Eroberung eines neuen Landes aufgebrochen waren, in dem ein freier Wind wehte. Niemand zog sie dort zur Rechenschaft, die einheimischen Hilfskräfte waren gefügig, und sie konnten ungestraft so viele Tiere abschlachten, wie sie wollten. Vielen von ihnen wurde klar, daß man mit Elfenbein reich werden konnte. Im Sudan töteten die französischen Brüder Poncet um das Jahr 1880 herum 28 Elefanten an einem einzigen Tag. Der Jäger Bell gab an, er habe insgesamt tausend Elefanten erlegt. Nashörner waren ebenfalls eine begehrte Beute, da die Chinesen für die Hörner ein Vermögen bezahlten. 1827 verzeichneten allein die Listen des Sultanats Fort Archambault (heute die Stadt Sarh im Tschad) die Ausfuhr von 800 Hörnern. Jagdfieber und Geschäftssinn ließen sich gut miteinander verbinden. Alle damaligen Jagdführer – ob Canonne, Tiran, Pretorius, Cotton, Oswell oder Cumming – haben mehr oder weniger vom Elfenbein profitiert, und niemand störte sich daran. Sie verdienten daran genauso wie am Verkauf von Fleisch an die Baustellenleiter der Eisenbahnlinien oder an die Waldarbeiter.

Der Franzose Canonne war ein hartgesottener Bursche, der als einer der wenigen mit der alleinigen Absicht nach Afrika aufgebrochen war, dort auf die Jagd zu gehen. Im Alter von achtzehn Jahren kaufte er sich einen Tropenhelm und eine Büchse und schiffte sich in Antwerpen ein. Damals konnte noch niemand ahnen, daß er später ein berühmter Jagdführer werden würde.

Afrika übte eine große Faszination aus, besonders auf wagemutige Jäger. 1948 gab es in Ostafrika 150 professionelle Führer, die zusammen 800 bis 900 Safaris pro Jahr organisierten. Die Reiseagentur Cook offerierte anspruchsvolle Programme. Viele amerikanische Industriemagnaten begaben sich mit Führern wie Selous, Lake und anderen auf luxuriöse Rundreisen, bei denen weder Havannazigarren noch Champagner fehlten. Der Komfort war perfekt: weiße Leinen-Bettbezüge, Porzellan und Silberbesteck, dicke Teppiche und Diener, die den Reisenden jeden Wunsch von den Augen ablasen. Auch solche Reisen konnten jedoch durchaus in einem Alptraum enden, denn gerade in der Nacht bestand für die Feiernden die Gefahr, von Raubtieren, Büffeln oder einem verletzten Elefanten in Stücke gerissen zu werden. Doch niemand schien daran zu denken, im Gegenteil: Die Gefahren verliehen dem Abenteuer nur noch zusätzlichen Reiz.

Ostafrika wurde zum Jagdziel der Reichen, während Zentral- und Westafrika eher die bescheideneren Jäger faszinierte, deren sehnlichster Wunsch es war, die ursprüngliche Natur zu erleben, ganz gleich, welche Gefahren dort auf sie lauerten. Ein französischer Jäger brachte seine Wünsche folgendermaßen zum Ausdruck:

LINKS: *Ein Jäger von heute auf den Spuren der Jagdbedingungen der Safaris von früher.*
VORHERGEHENDE SEITEN: *Präsident Roosevelt nimmt auf einem erlegten Kaffernbüffel eine feierliche Pose ein, wie sie damals unter Großwildjägern üblich war.*
Österreich, Deutschland sowie alle anderen mitteleuropäischen Länder bevorzugen aufwendige Gravuren und schwere Waffen (rechts). Hier ein origineller Vierling mit zwei glatten und zwei gezogenen Läufen.
FOLGENDE SEITEN: *Sudan: Ein Jäger beim Fotografieren eines ungewöhnlich friedlichen Krokodils – man beachte die kleine Stütze unter dem Unterkiefer …*

»Ich möchte das Leben der Menschen und Tiere im Wald und in der Steppe kennenlernen, so, wie es sich seit Tausenden von Jahren abspielt. Ich möchte es vor dem Hintergrund der Jahrtausende alten Kultur betrachten, die mich prägt, und dadurch das Abenteuer der menschlichen Entwicklung verstehen lernen.« Der Autor Frédéric Blanchod wiederum schrieb: *»Jeder von uns ist ein Leben lang auf der Suche nach dem unerreichbaren Ende des Regenbogens, wie Huxley es ausdrückte. Ich weiß, daß ich hier mein Ziel erreicht habe, daß ich es hier erfassen kann. Ich habe das Gefühl, daß dafür alles die Mühe wert ist, nicht nur, sich von seinen Lieben daheim zu trennen, um sich von Blutegeln aussaugen zu lassen, sondern auch, von Zecken befallen und von Mücken geplagt zu werden, zu riskieren, an Malaria, Ruhr, Insektenbefall oder Schlafkrankheit zu erkranken, zu dürsten, bis zur Schmerzgrenze schmutzig zu sein, komplett angezogen auf dem harten Erdboden zu übernachten, nie richtig tief zu schlafen, tagsüber zu schwitzen und nachts zu frieren.«*

Die Jäger in ihren improvisierten Camps glühten aufgrund unbekannter Fieberkrankheiten, waren halb verblödet vor Hitze und Erschöpfung und taumelten nicht enden wollende Buschpfade entlang, immer von ihrer Leidenschaft getrieben. Das Land wurde von den verschiedensten Parasiten heimgesucht, darunter die gefürchtete Cayor-Fliege, die beim Stich in die Haut ihre Eier ablegt. Acht Tage später schlüpfen anderthalb Zentimeter lange Maden heraus, die man nur los wird, wenn man an der betreffenden Stelle die Haut aufschlitzt. Große Gefahr ging auch von Schlangen aus. Die Wirkung des Giftes war je nach Art verschieden. Handelte es sich um eine gefährliche Schlange, fiel der Gebissene in einen Dämmerzustand, sein Gesicht

Nashornangriffe sind zwar spektakulär, aber äußerst selten, da die Tiere extrem kurzsichtig sind.

lief blau an, und er starb nach mehreren Ohnmachtsanfällen innerhalb von drei bis vier Stunden. Manchmal begann die Bißwunde aber auch zu eitern und verursachte dadurch ein schweres Fieber, das langsam und unter heftigen Qualen zum Tode führte. Doch von all diesen Gefahren ließen sich die Abenteurer nicht abschrecken.

Der berühmt gewordene französische Jäger Edouard Foa durchquerte während der letzten Jahre des 19. Jahrhunderts den schwarzen Kontinent vom Sambesi bis nach Französisch-Äquatorialafrika und machte besonders leidenschaftlich Jagd auf große Raubtiere. Er hatte das Privileg, im Auftrag der Regierung unterwegs zu sein, was den Verwaltungsaufwand erheblich reduzierte. Seine beiden Partner Borely und Bertrand erkrankten unterwegs an einem Fieber und konnten die Reise nicht zu Ende bringen.

Während des 12 000 Kilometer langen Marschs tötete Foa 500 Tiere. Er war mit zwei Bockdoppelbüchsen im Kaliber .577 ausgestattet, mit einem Gewicht von 5,03 bzw. 4,8 kg. Foa hatte Monsieur Galand, seinen Büchsenmacher, gebeten, die Originalwaffen seinen Ansprüchen gemäß zu verändern, indem er die Läufe verengte und verkürzte, eine große Kimme und einen dreifachen Kammerverschluß anbrachte sowie die Widerstandsfähigkeit erhöhte. Foa nahm außerdem eine Büchse vom englischen Kaliber .303 mit, die durch einen metallbeschlagenen Schaft vor schweren Stürzen, Schlägen von Raubtiertatzen und Tritten von Elefantenfüßen geschützt war. Der Jäger verfügte außerdem über ein Winchester-Jagdgewehr im Kaliber 12, einer Flinte im Kaliber 32 für kleine Vögel – bestimmt für ornithologische Sammlungen – sowie zwei Galand-Revolver zum Schutz bei unliebsamen Begegnungen. An Munition nahm er

Wie man an den Trophäen sieht, war der Schutz bestimmter Tierarten damals noch unbekannt.

5000 Patronen mit. Die Liste der Ausrüstungsgegenstände umfaßte außerdem: einen Patronengürtel für jede Art Munition, ein bis zwei Patronentaschen für die Reservemunition, einen Scheinwerfer, weißen Phosphor, ein Teleskopfernrohr, ein Nachtfernglas, mit Wollfilz überzogene Zinkfeldflaschen, Raketen, um Hyänen zu vertreiben, Fallen für Großwild, Leuchtkimmen, bengalisches Feuerwerk, Messer, Äxte usw.

Tagsüber trug der Jäger ein Baumwollhemd ohne Ärmel, eine kurze Hose, einen Helm, Strümpfe und Leinenschuhe mit Kautschuksohlen (Vorläufer der späteren französischen Armeeschnürstiefel). Das alles in Farben, die bestmögliche Tarnung garantierten.

Die Expedition war mit einer erheblichen Menge an Material ausgerüstet, das dazu dienen sollte, »das Leben der drei Europäer drei Jahre lang zu schützen«. Transportiert wurde das Ganze von 300 Trägern. Die einheimischen Stämme verhielten sich der Jagd- und Forschungsexpedition gegenüber freundlich, weil sie von ihr mit Fleisch beliefert und vor Raubtieren geschützt wurden.

In der ersten Hälfte des 20. Jahrhunderts wurde Afrika zum Hauptziel der Großwildjäger. Die Expeditionen dauerten jeweils mehrere Monate, unglaublich viele Tiere wurden dabei abgeschlachtet, und bei alledem philosophierten die Weißen über die Zukunft des Schwarzen Kontinents. Einige von ihnen verfaßten nach ihrer Rückkehr Bücher über ihre Erlebnisse. Diese Werke sind größtenteils recht mittelmäßig, sie enthalten lange Lobeshymnen zum Ruhme des Autors, detaillierte Beschreibungen und wortreiche Abschweifungen. Dauernd mußten die Jäger Angriffe abwehren, und Löwen und Tiger wurden als mörderische Bestien dargestellt. In den 1950er Jahren erschien kaum ein Buch über die Großwildjagd in Afrika, in dem der Autor nicht über einen Löwen- oder Büffelangriff berichtete, der natürlich meist gut ausging – für den Jäger. Darüber hinaus berichten sie über Stammesrituale, z. B. darüber, daß Eingeborene nach dem Tod eines Elefanten in den Leib des Tieres hineingekrochen seien und das rohe Fleisch gierig verschlungen hätten. Und nahezu auf jeder Seite beweihräucherten sich die Jäger selbst. Dennoch muß man ihnen zugute halten, daß es damals ein wagemutiges Unterfangen war, monatelang in lebensfeindlichen Gegenden auszuharren, ohne Verbindung zur Außenwelt oder Hoffnung auf Rettung in Notfällen.

So etwas wie »Weidgerechtigkeit« war damals noch unbekannt. Die Männer jagten genau wie die einheimi-

LINKS: *Express Purdey mit Goldintarsien.*
VORHERGEHENDE SEITEN: *»Teatime« im Busch. Trotz aller Abenteuer wollte man nicht auf einen gewissen Komfort verzichten.*
FOLGENDE SEITEN: *Dieser Elefantenbulle, geschossen 1955 von Roy Holme, weist besonders große Stoßzähne auf.*

sche Bevölkerung, der sie ja eigentlich europäische Kultur beibringen wollten, nur, daß ihre Waffen leistungsfähiger als deren Pfeil und Bogen oder Assagais (Wurfspieße) waren. Wie sie töteten, war ihnen gleichgültig, ebenso wie die Art des Tieres, sein Alter oder Geschlecht. Jedes Fleisch wurde gegessen, einschließlich das der Gorillas – Tiere, die übrigens als besonders begehrenswerte Trophäen betrachtet wurden. Als ein guter Jäger galt derjenige, der die meisten Tiere erlegte. Ökologische Aspekte oder das Gleichgewicht zwischen Fauna und Biotop spielten noch überhaupt keine Rolle. Es gab Wild in einem solchen Überfluß, daß es unerschöpflich schien.

Andererseits gab es durchaus schon vorausschauende Jäger, wie etwa Alexander Lake, wohl der talentierteste unter den ersten Großwildjagdführern. Lake erkundete, wie viele seiner britischen Landsleute, das südliche Afrika. Er war ein äußerst begabter Schütze, besaß einen ausgeprägten Sinn für Humor und hatte größten Respekt vor seinen Fährtensuchern. Zahlreiche Abenteurer, darunter natürlich Jäger, aber auch Wissenschaftler, Neugierige und Fotografen, kamen ihn in »seinem« Land besuchen. Lake war in vieler Hinsicht ein ungewöhnlicher Mann, aber nicht zuletzt war er ein guter Schriftsteller. Sein Werk *Hunter's Choice** liest man immer wieder mit Interesse. Im Gegensatz zu vielen anderen Autoren, die ihre Großtaten wortreich und angeberisch ausbreiten, wie etwa Jules Gérard, beschränkt sich Lake auf das Wesentliche.

Lake besaß eine ganz eigene Methode, seine Kunden zu erziehen. Eines Tages begleitete er einen Franzosen, der angesichts eines Nashorns vollkommen die Kontrolle über sich verlor, sein Gewehr wegwarf und schreiend davonrannte. Gereizt sprang Lake in seinen alten Ford und fuhr genau auf den jungen Mann zu, der glaubte, er, Lake, sei verrückt geworden und die Beine in die Hand nahm. »*Doch er wurde rasch müde, und ich kam immer näher. Da hielt er plötzlich an und bot mir mit einem Stein in der Hand die Stirn. Ich hatte gar nicht bemerkt, daß er ihn aufgehoben hatte. Er warf ihn nach mir, als ich genau in der Schußlinie war und verfehlte meinen Kopf nur knapp. Als ich anhielt und ihn schweigend anschaute, konnte er nur noch unzusammenhängendes Zeug stammeln. Selten habe ich jemanden gesehen, der vor Wut so außer sich war.*«

Lake erklärte ihm, daß er, wenn er in der Lage sei, einem Ford bei 30 km/h auszuweichen, dasselbe auch leicht beim Angriff eines Nashorns tun könne, und daß er, wenn er in der Lage sei, Steine zu werfen, auch schießen könne. Die Lektion hatte Erfolg: Der Franzose wich dem nächsten Nashorn aus und verpaßte ihm eine Kugel in den Kopf unterhalb des zweiten Horns, »genau der richtigen Stelle, um es sofort zu töten«.

Dramatische Ereignisse waren nicht selten. Im September 1937 kam John Whorter, ein Bergbauarbeiter aus Colorado, zu Lake, um Löwen zu jagen. Obwohl er ein erfahrener Schütze war, lag er drei Sekunden, nachdem er auf sein erstes Tier gezielt hatte, tot zwischen dessen Pranken. Er hatte den Fehler begangen, oberhalb der Stirn auf den Kopf zu zielen. »Der Mann wußte nicht, daß Löwen praktisch keine Stirn haben«, bemerkte Lake dazu. Die Kugel war nur durch die Mähne hindurch geflogen und hatte das Tier in todbringende Wut versetzt.

Lake kannte die Tiere und ihr Verhalten genau. Einer seiner längsten Berichte handelt von Hundskopfaffen, einer Affenart mit hundeähnlichen Köpfen und beeindruckenden Eckzähnen, mit denen sie einen Leoparden in Stücke reißen können. Eines Tages wurde Lake auf einem Hügel vom Anführer eines Affentrupps durch auffällige Blicke und Grimassen angelockt. Der Jäger fühlte sich nicht wohl in seiner Haut, denn er war sich darüber im klaren, daß er beim kleinsten Fehler getötet werden würde. Unversehens befand er sich inmitten des Affenrudels, das seltsamerweise nichts Bedrohliches unternahm. Hinter einem großen Stein entdeckte er ein Junges, das leise wimmerte. Lake kniete sich neben das Baby und stellte fest, daß es Ameisengift gefressen hatte. Es gab jetzt nur zwei Möglichkeiten: Entweder würde es Lake gelingen, das Äffchen zu retten und sich vorsichtig zurückzuziehen, oder das Junge würde sterben und Lake vom Rudel in Stücke gerissen. Der Jäger öffnete seine Feldflasche mit Kaffee und reinigte damit sorgfältig den Mund des Kleinen, dessen Mutter sprungbereit zuschaute. Ob es wirklich gerettet war oder sich nur einen Moment lang besser fühlte, ist nicht

RECHTS: *Judd, ein Jäger, der einige Zeit später selbst von einem Elefanten getötet wurde.*
VORHERGEHENDE SEITEN: *Die Cottars, seit Generationen als professionelle Jäger in Ostafrika tätig, posieren inmitten ihrer Trophäen: Elefanten, Büffel, ein Löwe, ein Leopard und eine große Kuduantilope.*
FOLGENDE SEITEN: *Von Bror Blixen getötetes Nashorn um 1930.*
J. A. Hunter, ein Pionier der Großwildjagd in Kenia und Kenner der afrikanischen Tierwelt (rechts). Verstorben im Juli 1963 in Makindu.

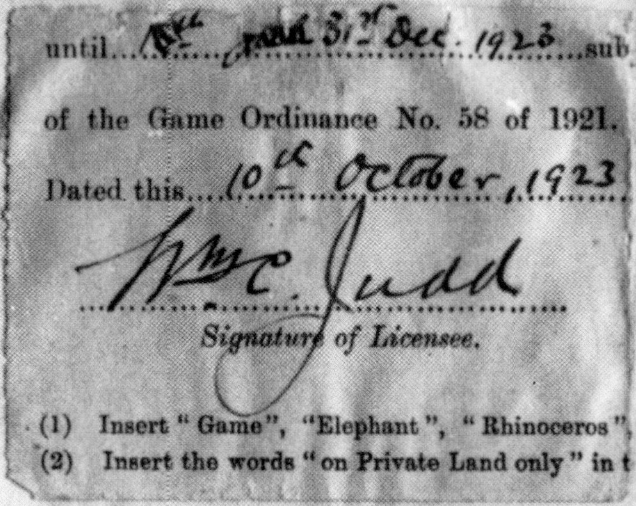
until..........31st Dec. 1923..........sub

of the Game Ordinance No. 58 of 1921.

Dated this.....10th October, 1923.....

Wm C. Judd

Signature of Licensee.

(1) Insert "Game", "Elephant", "Rhinoceros",

(2) Insert the words "on Private Land only" in t

sicher, doch das kranke Äffchen stand auf und krabbelte zu seiner Mutter. Lake zog sich nun vorsichtig von den Affen zurück. Dieses riskante Abenteuer sollte für ihn eine der schönsten Erfahrungen seines Lebens werden.

Die Jäger Afrikas wurden zu Helden stilisiert. Auch Hollywood bemächtigte sich des Mythos, z. B. in dem Film *Hatari!*, in dem John Wayne einen Tierhändler spielt.

Ernest Hemingway verherrlichte die *white hunters* (weißen Jäger) geradezu und schrieb das Vorwort zu François Sommers Werk *Chasse et gibier en Afrique* (Neuaufl. 1971). Sommer (1904–1973), der das *Maison de la chasse et de la nature* (Jagd- und Naturkundemuseum) in Paris, Rue des Archives, gründete, war bescheidener als frühere Verfasser von afrikanischen Jagdabenteuern. Der spätere Initiator des französischen Umweltministeriums betrachtete sich nicht nur als Jäger, sondern auch als Naturkundler und Ethnologe und trat für den selektiven Abschuß zur Wildbestandsregulierung ein. Er heiratete sogar eine junge Afrikanerin nach deren Stammesritual, blieb mit ihr allerdings nur für die Dauer der Reise zusammen. Zurück in Frankreich schickte er ihr jedes Jahr einen Kaufhauskatalog. Die junge Frau, die weder lesen noch schreiben konnte, schnitt die Abbildung des Gegenstandes, der ihr gefiel, aus, und sandte ihn an Sommer zurück, der daraufhin ohne weiteren Kommentar das Geschenk folgen ließ. Eines Tages schickte er seiner Angetrauten sogar einen Kopfschützer.

Safaris heute

Die Schnelligkeit moderner Verkehrsmittel und die Fortschritte der Medizin – besonders im Bereich Antibiotika und bei Malariamedikamenten – haben zum höheren Komfort der »weißen Jäger« entscheidend beigetragen. Das Abenteuer einer Safari ist heute für jeden erlebbar. Man muß dafür nicht mehr sechs Monate, sondern nur noch drei Wochen einkalkulieren und darf dann wohlbehalten mit den begehrten Trophäen nach Hause zurückkehren. Heute wie früher werden Elefanten gejagt – jedenfalls in den Ländern, in denen sie nicht geschützt sind –, Kaffernbüffel, große Antilopen, besonders Elenantilopen, Kudus und Rappenantilopen, Löwen und Panther. Die Jagdführer pachten riesige Gebiete, die teils umzäunt sind, wie in Südafrika, und hegen ihren Wildbestand so gut wie möglich. Leider haben sie manchmal Schwierigkeiten, sich gegen die örtlichen Behörden durchzusetzen, und auch Konflikte mit Regierungsvertretern sind keine Seltenheit. Weiße Jäger sind nämlich nicht immer und überall gern gesehen, selbst wenn sie Arbeitsplätze bringen und mithin zur ökonomischen Entwicklung des Landes beitragen. Oft neidet man ihnen ihren Einfluß und ihr Geld, und sie müssen sich ständig mit den lokalen Behörden und von Korruption geprägten Verwaltungen herumschlagen. Die Jagdführer sind heute längst nicht mehr so überheblich wie zu Anfang des 20. Jahrhunderts und zeigen oft ernsthaftes Interesse an der einheimischen Bevölkerung, um die sie sich kümmern und deren Lebenssituation sie zu verbessern suchen. Auch der Schutz der Elefanten liegt ihnen heute am Herzen, besonders vor der erbarmungslosen Verfolgung durch Wilddiebe. Was aber nicht verhindert, daß bewaffnete Banden hinter ihrem Rücken weiter töten, manchmal mit stillschweigender Zustimmung oder sogar mit offener Unterstützung der Regierenden.

Bei den Jagdführern – Abenteurer, Wildhüter, Romantiker oder geradezu von der Jagd Besessene – handelt es sich im allgemeinen um ausgeprägte Persönlichkeiten. Nicht jeder eignet sich dazu, mitten in der Weite der Wildnis ein Jagdcamp zu leiten. Für eine solche Aufgabe braucht man Organisationstalent, gute Beziehungen zu den lokalen Behörden, Kontakte zur einheimischen Bevölkerung, und man muß natürlich auch etwas von Kundenwerbung und von geschäftlichen Dingen verstehen. Viele Führer haben sich aufgrund einer plötzlichen Laune nach Afrika aufgemacht, ohne viel über den Kontinent oder die dortige Tierwelt zu wissen.

Da er für das Leben seiner Kunden verantwortlich ist, muß ein Führer immer zumindest ein passabler Schütze sein. Das Wissen über die jeweils vorhandenen Tiere erwirbt er durch seinen Kontakt mit den Fährtensuchern. Der Jagdführer steht jedoch bei Schwierigkeiten an vorderster Front, da, von ganz seltenen Fällen abgesehen, die Fährtensucher nicht bewaffnet sind. Wird die Situation dramatisch, z. B. wenn ein Löwe, Büffel oder ein verwundeter Elefant angreifen

RECHTS: *All diese Zebrafelle, die Nationalparkaufseher hier ausgebreitet haben, wurden Wilderern abgenommen.*
VORHERGEHENDE SEITEN: *Kaffernbüffelherden ziehen gemächlich über die staubige Steppe.*
Der Jäger hofft, einen großen Bullen in die Schußlinie zu bekommen.
FOLGENDE SEITEN: *Rappenantilopen gehören zu den großen Antilopenarten, die bei den Jägern in Afrika besonders begehrt sind.*
Einheimische Jäger präsentieren die Trophäe eines jungen Bongo (rechts).

will, ist es Aufgabe des Jagdführers, das Tier aufzuhalten. Er darf weder weglaufen noch in Deckung gehen.

In Afrika haben sich schon viele Dramen abgespielt: Jäger verirrten sich im Busch und verdursteten, sie wurden von einem Tier tödlich verletzt oder sogar von einem Begleiter. Michel Droit z. B., Mitglied der Académie française, tötete versehentlich seinen Jagdpartner. Von solchen Tragödien – sie sind glücklicherweise sehr selten – erholen sich die daran Beteiligten vermutlich nie.

Jeder Jagdführer hat sich auf irgendein Tier spezialisiert, auf Löwen, Büffel, Antilopen oder Elefanten. Der französische Führer Christian Le Noel etwa, der im Tschad und der Zentralafrikanischen Republik arbeitete, liebte die Elefantenjagd und pflegte sich damit zu amüsieren, die Tiere zu reizen, sie zum Angriff zu bewegen und sie dann wie Autos im Straßenverkehr mit einer Handbewegung zum Anhalten zu bringen. Als ihn eines Tages der Fotograf Jean Jacques Ducos besuchte, der sich für das Leben in der Wildnis interessierte, schlug Le Noel ihm vor, einige Aufnahmen von angreifenden Elefanten zu machen. Ducos nahm den Vorschlag an, wenn auch verständlicherweise mit gewissen Vorbehalten. Als beim ersten Angriff der Führer das Tier mit einer Handbewegung stoppte, rannte der Fotograf Hals über Kopf davon. Le Noel schrie wütend: »Das nächste Mal binde ich Sie an meinem Gürtel fest, damit Sie sich nicht bewegen können!« Später näherten sich die beiden einem großen Bullen. Le Noel rief ihn mehrmals. Das Tier hörte auf zu fressen, wandte sich den beiden Männern zu, stellte die Ohren aus, hob den Rüssel und ging frontal zum Angriff über. Le Noel wich nicht einen Zentimeter zur Seite und hob seelenruhig die Hand. Das Riesentier hielt an und machte eine halbe Drehung. Der Fotograf war vor Angst fast ohnmächtig geworden. Später sagte er, er habe nicht einmal mehr gewußt, wie und ob er überhaupt auf den Auslöser gedrückt habe – dabei hatte er sogar zwei Fotos geschossen. Laut Christian Le Noel war das eingegangene Risiko denkbar gering. Ein Elefant, der mit aufrechtem Rüssel und ausgestellten Ohren losstürmt, greift nämlich nur zum Schein an. Auf die Frage, ob sie sich hätten retten können, wenn der Bulle mit angelegten Ohren und eingerolltem Rüssel auf sie losgegangen wäre, blieb Le Noel eine klare Antwort schuldig.

Trotz der blutigen Konflikte, die den Kontinent entzweien, wird in Afrika auch heute noch Großwildjagd betrieben. Mehrere Dutzend Führer sind in verschiedenen Regionen tätig. Jagen kann man in Kamerun, in der Zentralafrikanischen Republik, in Burkina Faso, Sambia, Botswana, Namibia und Transvaal.

Allerdings gibt es heute strenge Jagdbeschränkungen, und das Jagdfieber früherer Zeiten hat sich gelegt: Das Abenteuer wurde domestiziert. Kleine Flugzeuge bringen die Jäger zu den Camps, es gibt keine langen Reihen von Trägern mehr, und der Krankenrücktransport ist im Reisevertrag geregelt. Allradgetriebene Fahrzeuge bringen die Kunden in die besten Jagdgebiete. Waffen und Munition sind äußerst leistungsfähig, weshalb es immer seltener zu Unfällen kommt. Geblieben ist jedoch der Zauber einer Region, in der die Zeit stehengeblieben zu sein scheint – und auch die Freude daran, auf flüchtendes und unberechenbares Wild Jagd zu machen.

Die Grosswildjagd in Amerika

Es ist noch gar nicht so lange her, daß riesige Büffelherden über die Prärie zogen. Später mußten Reservate eingerichtet werden, um diese Tierart vor dem Aussterben zu retten, die sich heute allerdings wieder gut erholt hat. Grizzlybären und deren furchterregende Verwandte, die Kodiakbären, die auf der gleichnamigen Insel vor der Westküste Alaskas heimisch sind, sind das beliebteste Wild der amerikanischen Großwildjäger. Die braunen Kodiakbären sind bis zu einer Tonne schwer. Auf dem kleinen Inselflughafen ist zur Vorwarnung der ankommenden Reisenden ein ausgestopftes Exemplar in einer Vitrine ausgestellt. Die Tiere sind in der Lage, mit einem Schlag ihrer bratpfannengroßen Pranken ein Karibu zu töten – oder einem Menschen den Kopf abzureißen. Kodiakbären unterliegen strengen Jagdbeschränkungen, damit sich ihr Bestand nicht zu sehr verringert.

Auf der Insel Kodiak streichen die Bären häufig um die Behausungen der Menschen herum. Sie machen einen sanften und gutmütigen Eindruck, sind aber in Wirklichkeit extrem gefährliche Raubtiere, besonders

Rechts: *Christian Le Noel, ein französischer Jagdführer, bei einem recht außergewöhnlichen Spiel: Er stoppt einen angreifenden Elefantenbullen ohne Waffe, durch das bloße Heben der Hand. Nur sehr bedingt zur Nachahmung zu empfehlen!*
Vorhergehende Seiten: *Diese Purdey-Büchse (rechts) wird mit Sicherheit nicht zum Schießen einer solchen Elefantenkuh mit Jungen (links) verwendet werden.*

wenn ein Jäger das Pech hat, eines von ihnen zu verletzen. Doch auch ohne vorher gereizt worden zu sein, greift ein Bär manchmal an. Zahlreiche Beispiele solcher Angriffe haben Vermessungsingenieuren, Wanderern oder Holzfällern das Leben gekostet.

Für die Jagd auf Grizzlys dagegen geht man auf die Pirsch, in Begleitung eines Führers, der sich in der Gegend gut auskennt.

Eine der dramatischsten Grizzlyjagden hat sich in Montana abgespielt. Die amerikanische Zeitschrift *Sports Afield* veröffentlichte einen Bericht darüber, wie es den beiden daran beteiligten Jägern erging.

Einer der beiden hatte geglaubt, ein Hirsch befände sich in der Nähe und bewegte sich an einem Dickicht entlang, als plötzlich ein Grizzly auftauchte und ihn angriff. Der Bär warf den Mann zu Boden, drohte ihn mit seinem massigen Körper fast zu ersticken und stürzte sich auf einen seiner Schnürstiefel, in den er mit aller Kraft hineinbiß. Die Zähne durchdrangen das Leder und zermalmten den Fuß. Alarmiert von den Schreien des Verwundeten kam ihm sein Jagdgefährte zu Hilfe, doch der Bär ging erneut zum Angriff über, und der Jäger hatte gerade noch Zeit, auf gut Glück einen Schuß abzugeben. Schwer verwundet ließ das Tier von den beiden Männern ab und verschwand. Nun war guter Rat teuer. Der Bär blutete, und die Weidgerechtigkeit verlangt, daß man ein verwundetes Tier nicht einfach sich selbst überläßt. Die beiden Gefährten folgten daher der roten Schweißspur. Nach zwei Stunden fanden sie den Bär auf einer Lichtung. Er brummte, als er sie sah, und stellte sich auf die Hinterbeine. Die erschöpften Jäger zielten ein weiteres Mal schlecht und verwundeten den Bären nur stärker. Das Tier war außer sich vor Wut, stürzte sich in Sekundenschnelle auf die Männer und versuchte, vor Erregung und Schmerz halb verrückt, den noch unverletzten Jäger in Stücke zu reißen, während der Verletzte so schnell er konnte flüchtete. Dem angegriffenen Jäger wurde bewußt, daß die einzige Rettung für ihn darin bestand, sich tot zu stellen. Er unterdrückte sein Stöhnen, machte sich schlaff wie eine Puppe, und der Bär ließ ihn tatsächlich los und verschwand. Doch da entfuhr dem Verletzten ein Klagelaut, der Bär kam zurück und fuhr fort, ihn zu zerfleischen. Der Jagdgefährte des Verletzten hatte sich inzwischen mühevoll zum zwei Kilometer entfernten Jagdcamp durchgeschlagen, um Hilfe zu holen. Die Retter fanden den Verletzten in einem furchtbaren Zustand, legten ihn auf eine improvisierte Bahre und transportierten ihn ins Lager, wobei er ständig vor Schmerzen stöhnte. Am Rand eines kleines Flusses setzten sie ihn ab, um ihm eine Verschnaufpause zu gönnen. Diesen Augenblick nutzte der Bär, der den Männern unbemerkt gefolgt war, um erneut anzugreifen. Ein junger Mann in der Rettungsgruppe hörte ein Blätterrascheln und hatte glücklicherweise genug Zeit, sein Gewehr in Anschlag zu bringen. Er schoß dem Raubtier geistesgegenwärtig eine Kugel durch den Hals, wodurch es endlich tödlich getroffen war. Nun, wo sie die schreckliche Bedrohung nicht mehr im Nacken hatten, entschieden die Retter, den Verletzten trotz der Schwere seiner Verwundungen weiterzutransportieren. Der unglückliche Jäger hatte aber leider schon zuviel Blut verloren und starb unterwegs.

Diese Geschichte beweist, wie hartnäckig und verbissen ein großer angeschossener Bär sein kann. Jedoch auch gesunde Exemplare können durchaus gefährlich werden. Vor kurzem z. B. wurde ein Fotograf von einem Eisbären verspeist: Der Mann schlief gerade in seinem Zelt, als das Tier die Leinwand zerriß, den Schläfer tötete und die Leiche mitnahm. Man fand sie nie wieder.

Die Trophäen Asiens

Europäische Jäger sind seit jeher auf allen Kontinenten anzutreffen. Neben den exotischen Expeditionen nach Schwarzafrika ist auch die Tigerjagd in Asien erwähnenswert, die von britischen Offizieren und anderen Abenteurern betrieben wurde, darunter der berühmte Jim Corbett.

Die Tigerjagd in Indien war eine britische Spezialität, der so ausgiebig nachgegangen wurde, daß für die äußerst bedrohte Tierart schließlich Reservate geschaffen werden mußten. Die Teilnehmer solcher aufwendiger Jagdpartien ritten auf dem Rücken von Elefanten, während die Treiber den Dschungel auf der Suche nach

Rechts: *Rentierjagd in Sibirien. Im Schnee sitzend beobachten die Jäger mit dem Fernglas die weiß verschneite Umgebung. Das Warten kann lange dauern.*

Folgende Seiten: *Die Jagd im Hochgebirge ist etwas für Spezialisten, die mit den Gegebenheiten bestens vertraut sind. Schon ein kleiner Fehltritt kann hier tödlich sein.*

Tom Walker mit einem großen Grizzly (rechts). Diese extrem gefährlichen Bären können einem Menschen mit einem Schlag ihrer Pranke den Kopf abreißen.

dem großen Raubtier durchkämmten. Die Jagden wurden mit einem außergewöhnlichen Aufwand betrieben und häufig von Maharadschas zu Ehren eines noblen Gastes organisiert, z. B. für ausländische Politiker, berühmte Jäger, Großindustrielle und ganz besonders für Angehörige der britischen königlichen Familie. Das Erlegen des Tieres selbst war von geringem Interesse, da der Schütze nichts riskierte, wenn er sicher auf dem Elefantenrücken saß. Oft tötete man zwei bis drei Tiger pro Tag. Die gegerbten Felle wurden nach England oder Schottland gebracht, um die dortigen Schlösser damit zu schmücken. Niemand störte sich an dem ungehinderten Abschuß der Tiere, da einige von ihnen erwiesenermaßen Menschenfresser waren, vor denen sich die Einheimischen fürchteten.

Der Brite Jim Corbett, der auf eigene Faust jagte, hatte sich auf den Abschuß von menschenfressenden Tigern und Leoparden spezialisiert. Monatelang war er auf Expeditionen in die entlegensten Gebiete Indiens unterwegs. Alleine oder in Begleitung einiger einheimischer Fährtensucher trat er den menschenfressenden Raubtieren von Angesicht zu Angesicht gegenüber, und mehr als einmal hätte er dabei beinahe sein Leben gelassen. Seine Art zu jagen war vom Luxus der Paläste und den künstlichen Operettenjagden weit entfernt. Corbett kam Dörfern zu Hilfe, die sich von den Tiger-Menschenfressern bedroht fühlten. Ein Überlebender berichtet: »*Am oberen Ende des Grashanges hat der Tiger mich angegriffen. [...] Direkt am Rande des Hanges hatte ich mich gebückt, um geschnittenes Gras zu einem großen Bündel zusammenzubinden – da sprang mich der Tiger an. Von seinen Reißzähnen vergrub sich einer unter mein rechtes Auge, einer in mein Kinn und die beiden anderen hier in meinen Nacken. Das Maul des Tigers prallte mit solcher Wucht auf mich, daß ich hintenüberfiel und er mit seinem Bauch zwischen meinen Beinen Brust an Brust auf mich zu liegen kam. [...] Meine Beine waren frei, und wenn es mir gelänge, sie anzuziehen und meine Füße unter den Tiger zu bringen und gegen seine Bauch zu stemmen, dann würde ich vielleicht den Tiger wegstoßen und davonlaufen können. [...] Ganz langsam, um den Tiger nicht zu reizen, zog ich meine Beine auf seinen beiden Seiten an, und vorsichtig, ganz vorsichtig, brachte ich meine nackten Füße gegen seinen Bauch. Dann stützte ich meine linke Hand gegen seine Brust, und indem ich mit aller Kraft nach oben drückte und trat, hob ich den Tiger glatt hoch. Da wir direkt am Rande des senkrechten Hanges waren, stürzte der Tiger in die Tiefe ...*«

Heute werden Tiger nicht mehr bejagt, da sämtliche Unterarten geschützt sind. Selbst wenn es zuweilen noch vorkommt, daß ein Tiger einen Dorfbewohner verschlingt, tötet man das Raubtier nur ungern. Das Leben eines Tigers ist heute fast genausoviel wert wie das eines Menschen. Dabei haben sich die großen Raubkatzen in einigen Reservaten mittlerweile wieder so stark vermehrt, daß die Bewohner der umliegenden Dörfer in Angst und Schrecken versetzt werden.

Ganz und gar ungefährlich, doch ebenfalls als Trophäe sehr begehrt, ist das Pamir- oder Marco-Polo-Schaf, ein asiatisches Wildschaf, dessen Hörner schneckenhausähnlich gedreht sind. Es wurde 1272 von dem berühmten Entdeckungsreisenden Marco Polo zum ersten Mal beschrieben. Marco Polo war damals gerade zum Hof des Kublai Khan in der Mongolei unterwegs, als er »*zahllose Wildtiere*« erblickte, »*darunter auch viele mächtige Wildschafe, deren Hörner gute sechs oder mindestens vier oder drei Spannen lang sind.*« Er fügte hinzu, daß die Nomaden die Hörner der Widder auch zum Bau von Pferchen für das Vieh verwendeten.

Marco Polo war der erste Europäer, der im 13. Jahrhundert China bereiste, das damals noch Kathai hieß. Seine Reiseberichte erweckten damals in der übrigen zivilisierten Welt ein so leidenschaftliches Interesse, daß Christoph Columbus auszog, um eine westliche Route dorthin zu finden und dabei bekanntlich Amerika entdeckte. Als Berater und Gesandter von Kublai Khan, Kaiser von China und Sohn von Dschingis Khan dem Eroberer, interessierte sich Marco Polo ebenso für die Menschen dort wie für die Natur und die Tierwelt. Er war zwar kein Jäger, gab aber interessante Hinweise auf die Rolle des Löwen innerhalb der chinesischen Gesellschaft. Am Festtag für den großen Khan, so berichtet Marco Polo, warfen sich alle Edelleute, in Gold gekleidet, vor diesem nieder. Um seine Macht zu demonstrieren, brachte man ihm danach »*einen mächtigen Löwen. Sobald der Löwe den Kaiser erblickt, fällt er vor ihm nieder, macht Zeichen der Verehrung und Hochachtung, derart, wie wenn er ihn als Herrscher und Herrn anerkennen würde. Ohne Ketten verharrt er vor dem Kaiser. Ist das nicht höchst erstaunlich?*«

Marco Polo, ein erfahrener Beobachter, furchtlos und mit einem eisernen Willen ausgestattet, ist das Vorbild aller Forschungsreisenden.

Dieses Marco-Polo-Schaf ist zwar nur mittelgroß, doch der Jäger Jacques Vettier schoß es ganz ohne jede Hilfe von Begleitern in den Bergen Tadschikistans.

Die Tigerjagd gehörte zu Beginn des 20. Jahrhunderts zu den beliebten Vergnügungen indischer Fürsten. Hunderte von Treibern kamen dabei zum Einsatz; die Jäger saßen auf Elefanten. Tigerjagd zu Ehren des Prinzen von Wales.

Die Entdeckung des Marco-Polo-Schafs als Jagdwild schlug ein wie eine Bombe. 1838 rüstete Leutnant John Wood eine Expedition zu den Quellen des Amu-Darja aus, die auf einem über fünftausend Meter hohen Plateau liegen. Er brachte die ersten Trophäen nach London. Der Emir von Afghanistan schenkte Lord Roberts das bisher größte Exemplar einer Trophäe von *Ovis ammon polii* (so der wissenschaftliche Name des Wildschafs): 75 Inches, also 1,80 m Gesamtlänge hatten die Hornschnecken auf jeder Seite. Sir George Littledale war 1888 der erste europäische Jäger, der ein solches Tier erlegen wollte. Seine Expedition dauerte zwei Jahre und führte über Samarkand. Das Pamirgebirge wurde zum Hauptanziehungspunkt der Gebirgsjäger. Die Wildschaftrophäen sind nicht etwa wegen ihrer Größe so begehrt – sie sind kleiner als die von Riesenwildschafen –, sondern wegen ihrer phantastischen Windungen. Die Tatsache, daß die Tiere in sehr großer Höhe leben und sehr scheu sind, erhöht die Schwierigkeit der Jagd, bedeutet jedoch auch eine größere Herausforderung.

Eine wachsende Anzahl von Jägern aus ganz Europa versuchte nun ihr Glück bei der Jagd auf das Marco-Polo-Schaf. Sie ließen sich weder von natürlichen Hindernissen noch von kriegerischen Auseinandersetzungen von ihrem Vorhaben abbringen. Die Schafjagd hat sogar Märtyrer gezeitigt: 1926 wurden die beiden Jäger Clark und Morden von Mongolen gefangengenommen und gefoltert. Das Gebiet, in dem die Marco-Polo-Schafe leben, war gefährlich, bevölkert von Guerillakämpfern und Plünderern. Doch die Jäger kamen trotzdem. Jacques Vettier, ein Jäger, der fast überall auf der Welt gejagt hat, wo es etwas zu jagen gibt, vermittelt in seinem Werk *Grandes chasses d'Asie, d'Afrique et d'ailleurs* einen recht guten Einblick in die Jagd auf das Marco-Polo-Schaf: »*Das Tier verschwand. Wir rannten los. Wann würde dieser Alptraum enden? Ich schwor mir, nie wieder in meinem Leben auch nur einen Hügel hinaufzuklettern. Ich hatte Kopfschmerzen. Meine Lungen pumpten wie Blasebälge. Mein Puls raste [...]. Die* Ovis polii *befanden sich oberhalb von uns, ungefähr*

LINKS: *Bei großer Hitze nehmen Tiger gelegentlich ein kühlendes Schlammbad.*
FOLGENDE SEITEN: *Indische Maharadschas organisierten prächtige Jagdpartien zu Ehren ihrer Gäste.*

180 m höher, auf der Flucht, wunderbare, kräftige Tiere, eine kompakte weiß-gelbe Masse mit bernsteinfarbenen Hörnern. In vollem Lauf zogen sie am Fernrohr meines Gewehres vorbei. [...] Ich schoß freihändig [...] Hundert Meter Verfolgungsjagd brachten mich zu meinem Ovis polii, *das weiter unten in eine Felsspalte gerollt war, den Leib von meiner Kugel von vorn bis hinten durchschlagen, in einer Diagonale (...) Ich bewunderte mein* Ovis polii, *herrlich, kräftig, mit einer großen Trophäe, zwar typisch für seine Rasse, doch nicht so lang, wie ich sie mir erträumt hatte. Schluß mit den Träumen. Ein Marco-Polo-Schaf, auch ein mittelgroßes, bleibt ein Marco-Polo-Schaf, insbesondere, wenn man es zu Fuß und ohne die Unterstützung einer gut organisierten Jagdpartie erlegt hat.«*

Jeder wird ihm recht geben. Die extreme Kälte, die dünne Luft und die erschöpfende Klettertour in ein lebensfeindliches Bergmassiv, die man für die Jagd auf das Marco-Polo-Schaf in Kauf nehmen muß, machen seine Hörner zur begehrenswertesten Trophäe des sportlichen Jägers.

Nachwort

Auf der Suche nach Nervenkitzel, unbekannten Gegenden und neuen Entdeckungen zieht es die Jäger immer wieder an andere Orte. Einige unter ihnen haben sich auf ein ganz bestimmtes Wild spezialisiert: So gibt es beispielsweise Experten für Hirsche, große Antilopen, Schwarzwild und Raubtiere. Die Trophäenjagd spielte lange Zeit eine vorherrschende Rolle, und bis heute träumt so mancher Weidmann davon, den Rekord bei einer bestimmten Art zu brechen. Doch für die meisten Jäger steht nach wie vor der Wunsch nach einer richtig guten Treibjagd im Vordergrund, und diese Entwicklung ist nur begrüßenswert.

Folgende Seiten: *Der Maharadscha von Dharampur auf einem Foto zur Erinnerung seiner jägerischen Großtaten, umringt von bedrohlich aussehenden ausgestopften Tigern und Leoparden.*

Verzeichnis der Waffen

Einleitung

Es gibt Hunderte von Flinten- und Büchsenmodellen. Für welches soll man sich entscheiden? Die Kriterien unserer Auswahl orientieren sich in erster Linie am Prestige der Marke, egal ob es sich um Flinten oder Büchsen handelt, die als Einzelstücke hergestellt und sehr teuer verkauft werden, oder um gängigere Modelle, die freilich in der Geschichte der Jagdwaffen ihre Spuren hinterlassen haben.

Zwischen einer Purdey und einer Darne besteht zunächst einmal keinerlei Zusammenhang. Beide jedoch sind fester Bestandteil der Waffenmythologie. Berücksichtigt haben wir auch Fabrikanten wie den Franzosen René Chapuis, der sich auf dem europäischen Markt der Doppelbüchsen sehr schnell zum Spitzenreiter entwickelt hat. Die Remington gehört zwar auch zur »schweren Kavallerie«, doch wenn wir sie in diesen Katalog mit aufgenommen haben, so deshalb, weil wir die Rolle würdigen wollen, die sie für die berittene Kavallerie der amerikanischen Nordstaaten und im Mythos des Wilden Westens gespielt hat.

Jedes Land hat seine eigenen Traditionen. Während Großbritannien, Frankreich, Italien und Belgien sich in der Fabrikation von Flinten durchsetzen konnten, brillieren die Deutschen und die Österreicher bei der Herstellung von Büchsen. Jeder Jäger bevorzugt die eine oder andere Marke, und es steht uns nicht an, verbindliche Werturteile abzugeben. Eines freilich dürfte völlig außer Frage stehen: Dieses Waffenverzeichnis ist so umfangreich, daß jeder hier etwas für seinen Geschmack finden wird.

Abbiatico i Salvinelli

ITALIEN

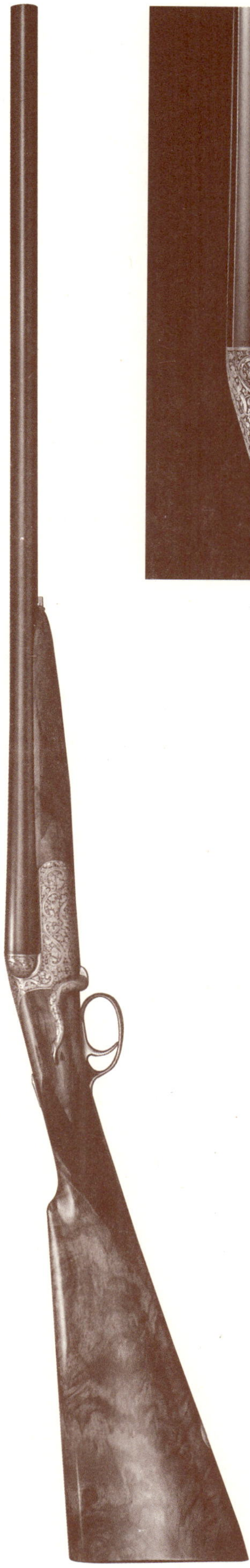

Die 1967 von Mario Abbiatico und Remo Salvinelli gegründete Firma Famars stellt inzwischen auch Luxuswaffen her, insbesondere solche englischer Tradition. Vor etwa zehn Jahren erzielte eines ihrer Gewehre bei Christie's einen Preis, der wesentlich über demjenigen englischer Waffen derselben Kategorie lag, was natürlich einen Prestigegewinn für die Marke bedeutete. Der Tod Mario Abbiaticos im Jahre 1984 war ein schwerer Schlag für das Unternehmen. Doch seine Kinder führten das Werk ihres Vaters weiter und unterstützten seinen Geschäftspartner effizient. In der mittlerweile dreißigjährigen Geschichte des Unternehmens wurden bisher insgesamt nur eintausenddreihundert Waffen produziert, jede von ihnen in enger Absprache zwischen Kunde und Hersteller. Heute beläuft sich die Produktion auf maximal sechzig Gewehre pro Jahr. Die Anschaffung von computergesteuerten Maschinen könnte das Umsatzvolumen jedoch erheblich vergrößern.

MODELL: ZEUS
Doppelflinte: Anson & Deeley
Gravur: Akanthusblätter
Kaliber: 12
Gewicht: 3 kg

Alar

BELGIEN

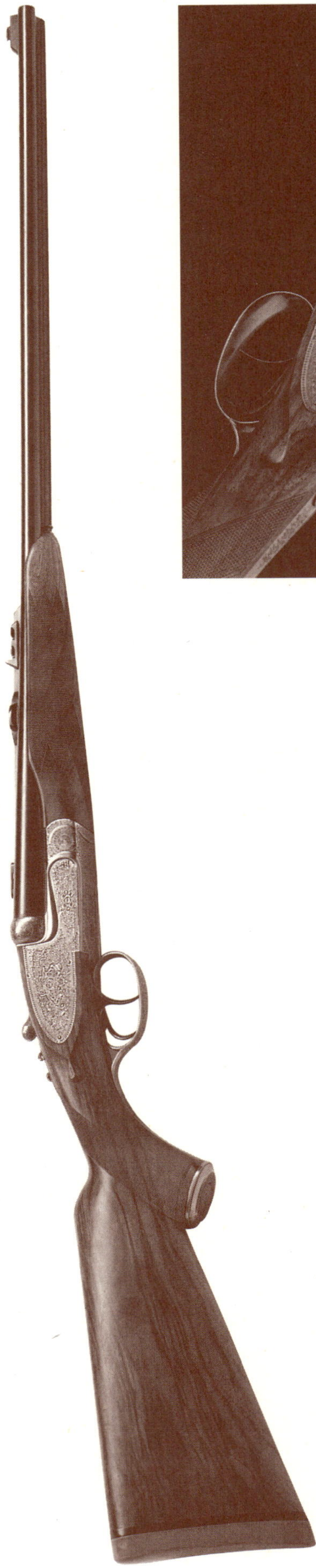

Der Familienbetrieb wurde 1978 von Marcel Thys gegründet, einem renommierten Lütticher Handwerksmeister und Lehrer an der Schule für Feinmechanik und Uhrmacherhandwerk von Lüttich (Belgien). Marcel Thys hatte bei Francotte gearbeitet und sich damit einen Namen gemacht. Anschließend ging der außerordentlich anspruchsvolle Meister nach Crisnée (in der Nähe von Lüttich), um hier, umgeben von den besten Handwerkern, in geradezu exemplarischer Ruhe und Gelassenheit zu arbeiten. Die Ergebnisse entsprechen der nahezu mystischen Arbeitsweise des Büchsenmachers: In den fachkundigen Händen dieser Meister ihres Faches sind Waffen der unterschiedlichsten Art entstanden. Alar ist sozusagen ein Geheimtip, und ein Gewehr aus diesem Hause zu erwerben, zeugt von wahrer Kennerschaft.

Seitenschloß-Doppelbüchse
Gravur: Bouquet
Kaliber: 300 HH
Gewicht: 3,3 kg

Arrieta

SPANIEN

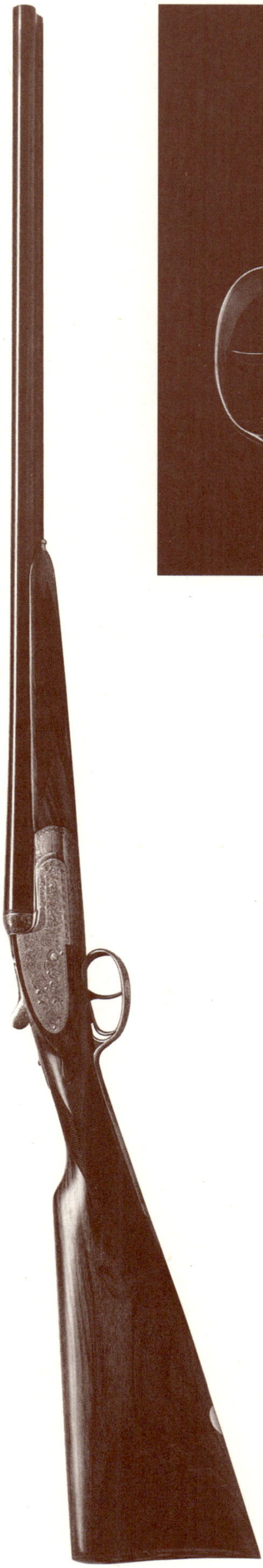

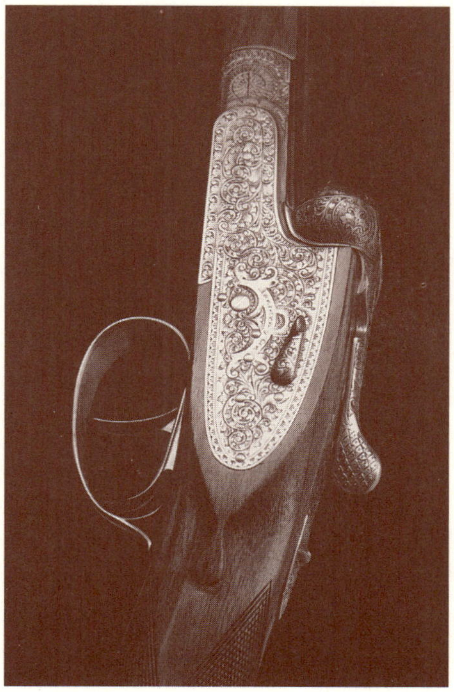

Dieses Unternehmen wurde 1940 von Avilo Arrieta gegründet. Ab etwa 1960 erschienen spanische Büchsen – hergestellt nach dem Vorbild englischer Fabrikate – auch auf dem internationalen Markt. Ursprünglich waren es zweitklassige Repliken, über die man in der kleinen Welt der Büchsenmacherbranche viel lästerte. Doch im Laufe der Jahre wurde die Qualität der Arbeit immer besser. Heute gibt es hochwertige Modelle, die in ihrer Verarbeitung mit derjenigen der feinen englischen Gewehre durchaus konkurrieren können. Die im baskischen Eibar angesiedelte Firma bietet Waffen in erstklassiger Ausführung und zu sehr annehmbaren Preisen an. Gemeinsam mit dem ebenfalls in Eibar ansässigen Konkurrenzunternehmen AYA (Aguire y Aranzabal) hat sie das Seitenschloß »demokratisiert«.

Modell: 803
Seitenschloß-Doppelflinte
Gravur: Royal
Kaliber: 20
Gewicht: 2,8 kg

Arrizabalaga

SPANIEN

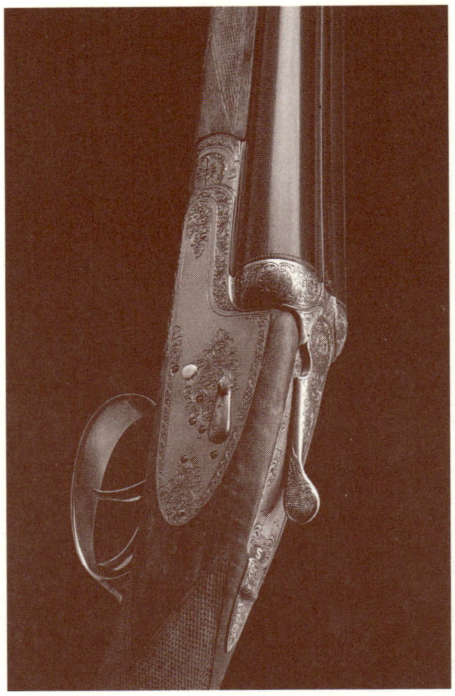

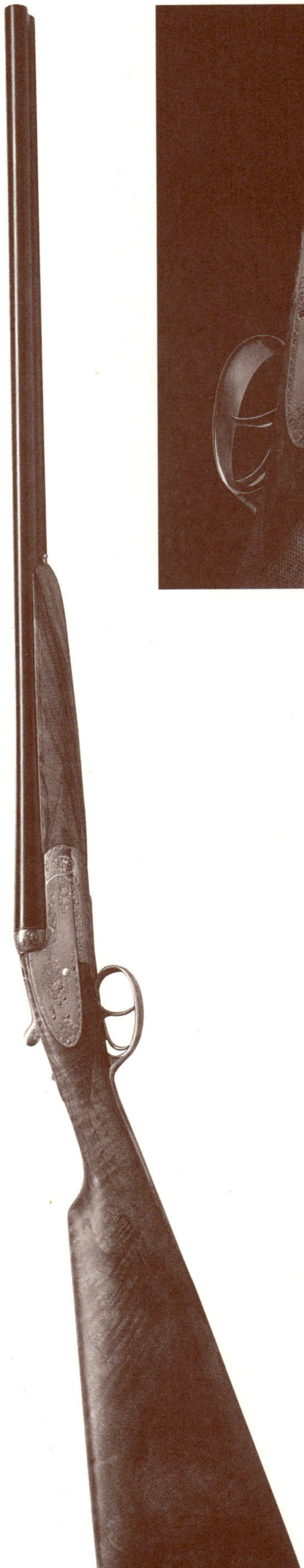

Mit seiner Präzisionsarbeit gehört Arrizabalaga zu den großen qualitätsbewußten Herstellern. Er hat das spanische Standard-Seitenschloß geschaffen. Diese Firma, die in kommerzieller Hinsicht außerordentlich offensiv ist, hat sich mit ihren gut gearbeiteten Modellen in Europa durchsetzen können. Französische Büchsenmacher (und zwar die bekanntesten unter ihnen) empfangen Vertreter von Arrizabalaga regelmäßig zu Geschäftsabschlüssen. Mit ihren Preisen können sie sich sehen lassen. Die Zeiten der Skepsis gegenüber der Arbeitsqualität der Spanier sind ein für allemal vorbei. Sie liefern hervorragende Waffen, die dem Vergleich mit den englischen Gewehren ohne weiteres standhalten können.

MODELL: AMBASSADEUR
Seitenschloß-Doppelflinte
Gravur: Royal Garden
Kaliber: 20
Gewicht: 3,2 kg

Beretta

ITALIEN

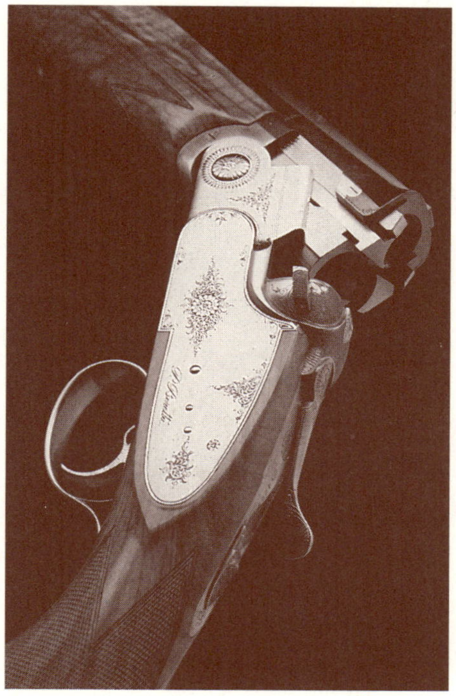

Das 1630 von Pietro Beretta in Gardone gegründete Unternehmen ist das älteste und bekannteste in der Waffenfabrikation. Heute werden hier Handfeuerwaffen, militärisches Gerät, Jagd- und Sportwaffen industriell bzw. in Teilen (Schlosse) auch handgefertigt hergestellt. Welchen ausgezeichneten Ruf der Zuverlässigkeit Beretta besitzt, zeigt sich vor allem daran, daß es dem Haus gelungen ist, mit seinem Export von Faustfeuerwaffen in die Vereinigten Staaten sogar die dortigen Fabrikanten zu überflügeln. Ob im Bereich der Jagd oder des Sports – Beretta ist einfach Standard. Was diese Gewehre bei den Kunden so beliebt macht, ist ihre Robustheit, ihr leichtes Gewicht (die meisten M. 682-Büchsen wiegen nur 2,9 kg), ihre Zuverlässigkeit und ihr ausgewogenes Preis-Leistungs-Verhältnis. Die Firma hat sich den Normen der modernen Technologie angepaßt, produziert aber nach wie vor auch handgefertigte Stücke von erlesener Schönheit.

MODELL: SO 5 TRAP, handgefertigt
Seitenschloß-Bockdoppelflinte
Gravur: feine englische Arabesken
Kaliber: 12
Gewicht: 3,4 kg

Blaser

DEUTSCHLAND

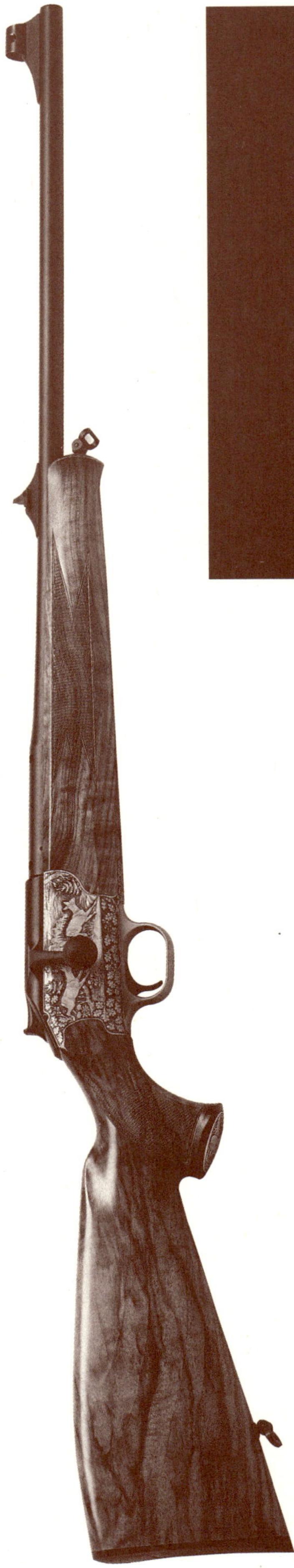

Das 1963 von Horst Blaser gegründete Unternehmen wurde 1985 von dem Ingenieur Gerhard Blenk aufgekauft. Der Waffenliebhaber und passionierte Jäger beschloß, mit Hilfe von computergesteuerten Maschinen ein außergewöhnliches Gewehr zu produzieren. Er perfektionierte das Einzelladersystem, das absolute Sicherheit garantiert. 1993 entwickelte er das Modell R 93 mit Geradezugverschluß und auswechselbarem Lauf, das ungeachtet seiner fragwürdigen Ästhetik zum Standardgewehr unter den Repetierbüchsen geworden ist. Diese Mechanik ermöglicht es dem Benutzer, den Verschluß mit einem einfachen Vordrücken des Kammergriffs zu betätigen, ohne die Waffe absetzen zu müssen. Entscheidend an diesem System sind seine Schnelligkeit und Zuverlässigkeit. Lieferbar ist diese Waffe in den meisten europäischen und auch in einigen angelsächsischen Kalibern, etwa in Magnum. Es gibt drei Gruppen von Läufen, die sich alternativ auf das Gewehr montieren lassen: Standard (von Kaliber 222 Remington bis 9,3 x 62), Medium (von Kaliber 6,5 x 685 bis 9,3 x 64) und Magnum (von Kaliber 7 mm Remington bis 375 HH und 416 Remington Magnum).

MODELL: R 93 SUPER LUXE
Repetierbüchse
Gravur: Jagdstückgravur
Kaliber: 8 x 68 S
Gewicht: 3 kg

Boss

ENGLAND

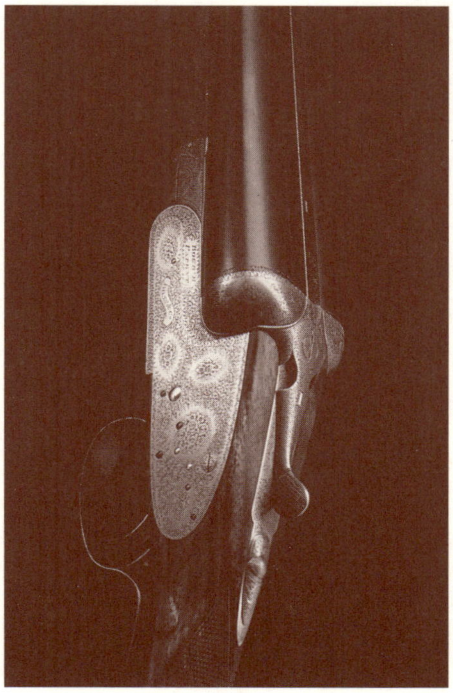

Thomas Boss, ehemaliger Mitarbeiter von Purdey, eröffnete 1830 seine eigene Werkstätte. 1891 übernahm sein Neffe die Firma und assoziierte sich mit Robertson. Das Haus Boss zeichnet sich durch die Perfektion seiner Waffen aus, was vor allem für die 1909 entwickelte Bockdoppelflinte gilt. Letztere ist bis heute die Standardwaffe in ihrer Kategorie. Einabzug, Patronenauswerfer und Drehblockverschluß verleihen ihr eine außergewöhnliche Zuverlässigkeit. Der Mangel an qualifizierten Arbeitskräften führte dazu, daß die Fabrikation bereits vor dem Zweiten Weltkrieg eingestellt wurde. Doch der Kundendienst wird bis heute von den Nachkommen Robertsons aufrechterhalten. Auf der ganzen Welt gibt es kein Gebrauchtgewehr, das so gesucht wäre wie dieses. Sein überaus komplizierter mechanischer Aufbau könnte es anfällig machen, doch dem ist keineswegs so. Sinnliche Gestalt, perfektes Gleichgewicht (trotz seines Gewichts von über drei Kilogramm), ein Rückstoß, der durch seinen sehr tief liegenden Verschluß optimal aufgefangen wird … kurz, eine mythische Waffe.

MODELL: PIGEON
Seitenschloß-Doppelflinte
Gravur: feine englische Arabesken
Kaliber: 12
Gewicht: 3,1 kg

Browning

BELGIEN

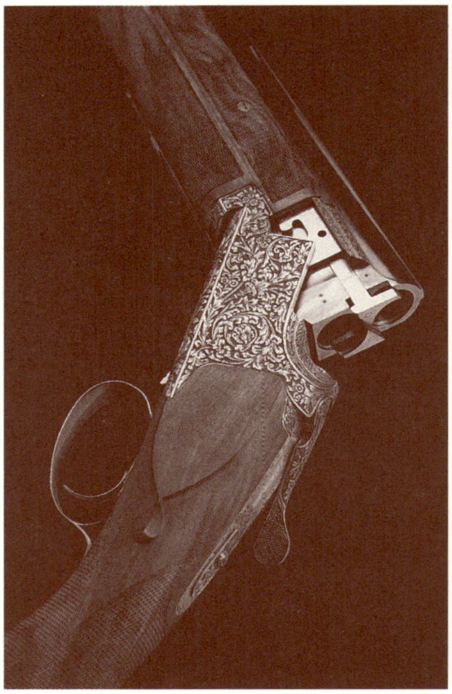

Der Gründer, John Moses Browning, spielte eine entscheidende Rolle bei der Perfektionierung der Repetierbüchse Winchester Repeating M 1860. Er modifizierte nämlich den Unterhebel-Hinterlader, den Smith & Wesson für ihre Revolver entwickelt hatten, und verbesserte damit eines der Schlüsselelemente der berühmten Winchester, die durch die Western zu legendärem Ruf gelangte.
Gegen Ende des 19. Jahrhunderts begann sich John Moses Browning intensiv mit automatischen Pistolen zu beschäftigen. Vor allem aber war er der Vorläufer des Rückstoßladers, Kaliber 12, »Auto-S«, dessen Automatik beim Abfeuern der ersten Patrone in Funktion tritt. Die bis heute immer noch sehr geschätzte Waffe wird von F. N. Herstal hergestellt. 1926 entwickelte John Moses Browning eine Flinte mit Kipplauf. Diese Waffe, die zur Zeit unter dem Pseudonym »B 25« fabriziert wird, besteht aus über achtzig Einzelteilen, zu deren Zusammensetzung hundertfünfzig Fertigungsschritte in der Fabrik vonnöten sind. Bis heute gilt sie als eine der besten Bockdoppelflinten der Welt.

MODELL: B. 25 GRADE D. 2G
Bockdoppelflinte
Gravur: tiefgestochene Arabeske
Kaliber: 12
Gewicht: 3,3 kg

Chapuis Armes

FRANKREICH

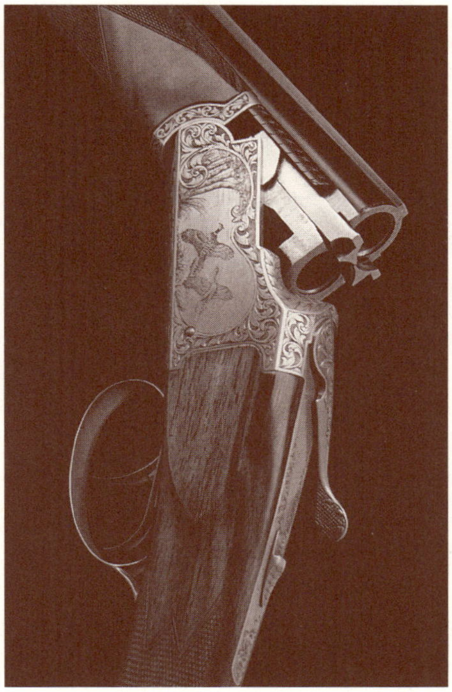

Die seit mehreren Generationen in der Gegend von Saint-Étienne ansässige Firma René Chapuis hat sich zu Beginn der achtziger Jahre auf Waffen mit gezogenem Kipplauf spezialisiert. Aufgrund der Qualität ihrer Produkte ist sie zum Marktführer geworden und hat sich auch im Ausland durchsetzen können.
1994 brachte Chapuis die Bockdoppelbüchse Super Orion Express auf den Markt. Seit 1995 nimmt die Firma weltweit den ersten Rang als Lieferant von Doppelbüchsen ein. Die dritte Generation garantiert den Fortbestand des Hauses, das vor kurzem Manurhin hinzuerworben hat, den französischen Hersteller von hochwertigen Revolvern, deren Kaliber von 22 LR. bis 44 Mag. reichen. Seit zwei Jahren bietet René Chapuis Einzelladerbüchsen mit Kipplauf an, die bei der Ansitz- oder Hochsitzjagd eingesetzt werden. Es handelt sich um ausgezeichnete Waffen zu einem annehmbaren Preis.

MODELL: SUPER ORION ARTISAN
Bockdoppelbüchse mit Seitenplatten
Gravur: Jagdstückgravur,
handgefertigt von Cassetto
Kaliber: 20
Gewicht: 2,8 kg

Cogswell & Harrison

ENGLAND

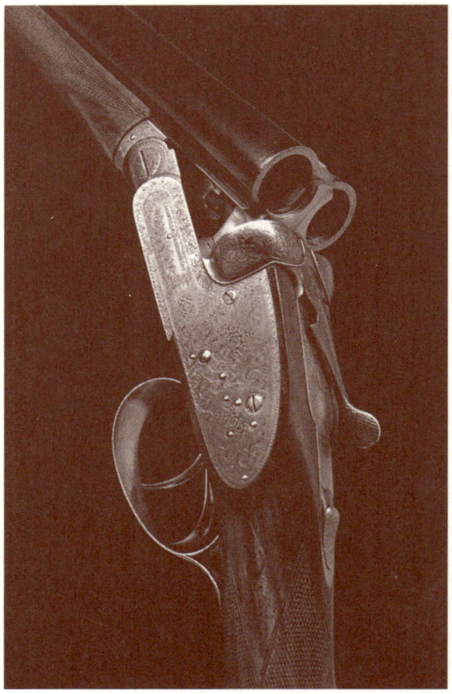

Die 1770 von Benjamin Cogswell in London gegründete Firma ist fraglos der älteste Hersteller von handgefertigten Waffen in England. Anfänglich stellte Cogswell Pistolen und Revolver für Offiziere her. 1886 lernte er Harrison kennen, mit dem er sich zusammenschloß. Dieser hatte bereits 1864 sein erstes Patent für ein Einzelladesystem angemeldet. Er sollte noch zahlreiche andere austüfteln, die für viele Jagd- und Sportwaffen verwendet wurden.
Im Laufe der Jahre verbesserte Harrison seine Ladesysteme für hahnlose Gewehre mit Patronenauswerfer immer mehr. 1879 entwickelte er das Modell »Victor«, das neun Jahre später mit einem automatischen Auswerfer ausgestattet wurde. Das erste Gewehr mit Einabzug kam 1895 heraus, danach das Modell Cosmos Ball, eine Doppelflinte, das Spitzgeschosse von einem der Laufseele (zylindrischer Teil) entsprechenden Durchmesser abfeuern konnte. 1908 wurde eine Pariser Filiale eröffnet, und zwar unter derselben Adresse (26, avenue de l'Opéra), wo sich bereits die Firma William Moore and Grey niedergelassen hatte, für die Cogswell & Harrison Waffen vertrieb. Heute konzentriert sich Cogswell & Harrison auf die Verfeinerung von Waffen der Hersteller Beesley, Purdey und Woodward.

Seitenschloß-Doppelflinte
Gravur: feine englische Arabesken
Kaliber: 12
Gewicht: 3,3 kg

Cosmi

ITALIEN

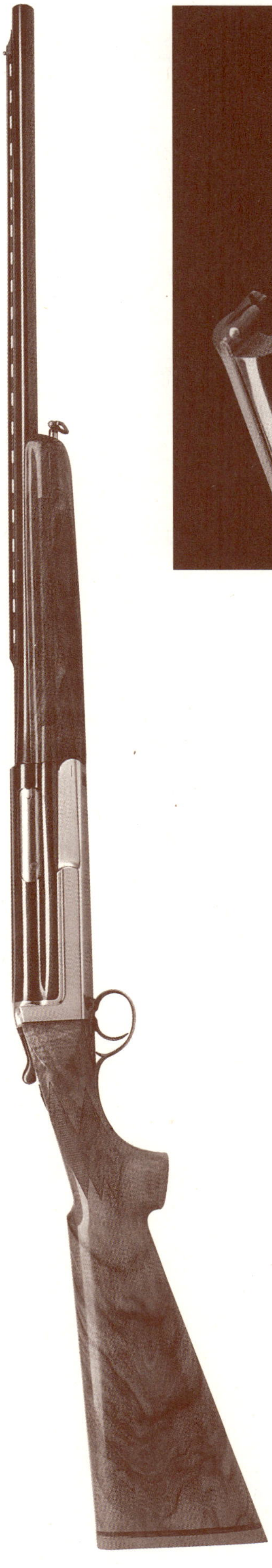

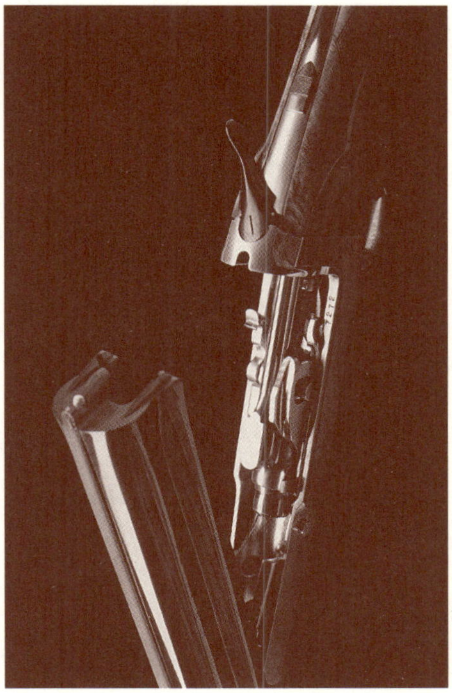

Rodolfo Cosmi (1873–1936), passionierter Jäger und Waffenliebhaber, begann seine Laufbahn mit der Reparatur von Gewehren. 1890 konstruierte er seine erste Doppelflinte und 1907 seinen ersten Selbstlader, den er bis 1920 noch weiter perfektionierte. Bis an sein Lebensende stellte Rodolfo Cosmi etwa vierhundert Gewehre her, allesamt wahre Kunstwerke. Seine Söhne Marcello und Americo erhalten immer wieder Angebote, auf industrieller Ebene zu produzieren, doch lehnen sie diese ab, da sie nicht bereit sind, ihre handwerkliche Qualität zu mindern. Seit 1938 ist die Firma Cosmi in Torette ansässig, wo Americo und sein Sohn Rodolfo bis heute diesen Selbstlader produzieren, der bei begüterten Liebhabern immer wieder große Begeisterung auslöst.
An die hundertfünfzig dieser Wunderwerke kommen alljährlich in drei Versionen heraus: Stahl, Leichtmetall und Titan, in den Kalibern 12, 16, 20 und 28 in 70-mm-Hülsen sowie 12 und 20 in 76-mm-Hülsen (Magnum). Bis heute ist dies der einzige Selbstlader mit Kipplauf! Sein Verschlußgehäuse ist oben mit demselben Verschlußhebel ausgestattet, wie man ihn auch bei den meisten konventionellen Doppelflinten und Bockdoppelflinten findet. Alle Einzelteile sind von Hand poliert. Das im Schaft untergebrachte Magazin hat Platz für sieben Patronen. Nachdem die Kammer geladen und das Magazin gefüllt ist, braucht man die Waffe nur noch zu schließen, und sie ist einsatzbereit: ein Wunderwerk der Mechanik!

MODELL: STANDARD
Halbautomatisches Kipplaufgewehr
Kaliber: 20
Gewicht: 2,8 kg

Dakota

USA

Die USA mit ihren weiträumigen Flächen und ihrem unerschöpflichen Wildreichtum sind bis heute das klassische Land der zuverlässigen und preiswerten Jagdgewehre. Dieser kleine Hersteller von Luxuswaffen bildet so gesehen die Ausnahme von der Regel, denn er verwendet viel Zeit auf die Konzeption, die Verfeinerung und die Präzision seiner Büchsen.
Der Verschluß vom Typ Winchester 70 (Verriegelung mit zwei Warzen vorn und Verriegelung hinten) bringt eine außergewöhnliche Präzision mit sich. Dakota bietet auch eine Büchse mit Fallblocksystem an. Die Firma, die ihre eigenen Kaliber entwirft, verdankt ihr Renommé der Zuverlässigkeit ihrer Waffen für afrikanische Großwildjagd. Einige erfindungsreiche Büchsenmacher verwenden das Repetiersystem von Dakota zur Ausstattung ihrer handgefertigten Modelle. Diese Waffen sind nicht nur für die Jagd bestimmt, sondern auch für den »Bench Rest« (Schießen auf weite Distanz), einen typisch amerikanischen Sport, der große Geschicklichkeit verlangt.

MODELL: DAKOTA 76
Hochwildbüchse
Kaliber: 416 R
Gewicht: 3,3 kg

Darne

FRANKREICH

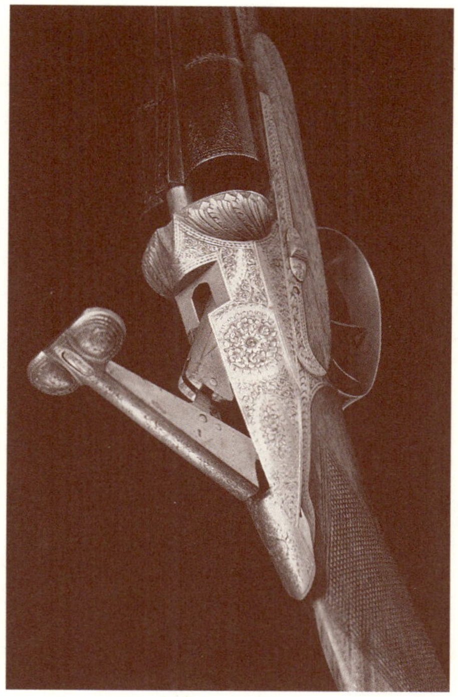

Die Flinten der 1881 von Régis Darne gegründeten gleichnamigen Firma zeichnen sich durch einen beweglichen Verschluß und einen festen Lauf aus. Manche bedauern, daß die Waffe sich nicht ›abkippen‹ läßt. Ihre Robustheit und die Unkompliziertheit ihrer Mechanik verleihen ihr andererseits einen gewissen Reiz. 1978 übernahm Paul Bruchet das ehemalige Unternehmen Darne und führt es seitdem in eigener Regie.

Die Produktpalette bewegt sich zwischen zwei Modellen: R (das einfachste) und V (das komplizierteste). Sie reicht von Grundmodellen wie Halifax und R 1 bis zu hochwertigen Fabrikaten wie V 21 und anderen außerserienmäßigen Produkten. Seit kurzem ist die Familie Bruchet mit einer Darne-Doppelbüchse auf dem Markt, die nach den Modellen 1920/1935 aus den ehemaligen französischen Kolonien gefertigt ist. Lieferbar ist sie – als Sonderanfertigung auf Maß – in Kaliber 8 x 57 JRS und 9,3 x 74 R. Weniger bekannt, aber genauso effizient sind die Bockdoppelflinte SB mit Auszieher und Schrotlauf (Kal. 12, 16 und 20) und die Bockdoppelbüchse SBE (Kal. 8 x 57 JRS und 9,3 x 74 R).

Modell: V 19
Doppelflinte
Gravur: feine englische Arabesken
mit Akanthusblättern
Kaliber: 12
Gewicht: 2,7 kg

Dumoulin

BELGIEN

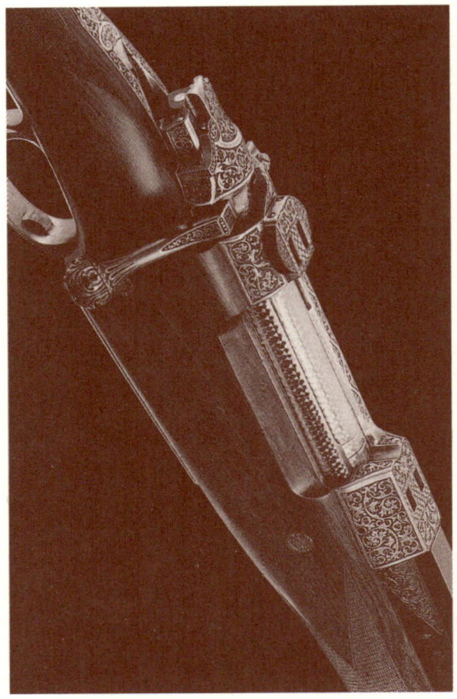

Ernest Dumoulin, Absolvent der Lütticher Schule und damit zutiefst im belgischen Kunsthandwerk verwurzelt, hat sich in der handwerklichen Fertigung von Jagdbüchsen einen Namen gemacht. Nach den obligaten Lehrjahren bei Francotte machte er sich nach dem Zweiten Weltkrieg selbständig und ließ sich in einem Vorort von Lüttich nieder. Hier empfing er Kunden aus der ganzen Welt, die eigens kamen, um die Ansicht des Meisters zu hören. 1985 wurde das Unternehmen von einem holländischen Büchsenmacher erworben, der ebenfalls aus der Schule von Lüttich hervorgegangen war. Unter den Modellen dieses erstklassigen Hauses sei die Büchse Henri Dumoulin, Typ »Schwarzwald«, genannt, deren langer, charakteristischer Vorderschaft bei Jägern aus der ganzen Welt immer wieder Begehrlichkeiten weckt. Diese Büchse, die in verschiedenen Kalibern angeboten wird, ist eine Waffe fürs ganze Leben.

MODELL: SAFARI PROFESSIONAL
Hochwild-Repetierbüchse
Gravur: Arabesken
Kaliber: 375 HH
Gewicht: 3,8 kg

Evans

ENGLAND

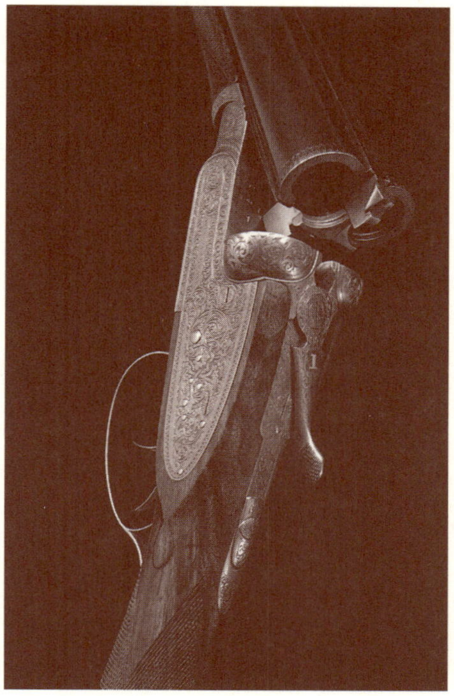

1883 machte sich William Evans, ehemaliger Mitarbeiter von Purdey und Holland und Holland, selbständig. Die Arbeit, die er leistete, war qualitativ so hervorragend, daß er sich das Recht herausnehmen durfte, seine Waffen mit der Bezeichnung »From Purdey« zu versehen, so wie Purdey die seinen anfänglich ja auch als »From Manton« bezeichnet hatte. Im Ersten Weltkrieg erhielt Evans den Auftrag, Gewehre für die schottischen Garden herzustellen. Während des Zweiten Weltkriegs wurde Evans' Werkstätte bombardiert, es folgte der Umzug in die St. James Street Nummer 67, wo das Unternehmen auch heute noch ansässig ist. William Evans war der erste, der Gebrauchtwaffen verkaufte, was die anderen namhaften Büchsenmacher ablehnten, und er hatte damit großen Erfolg.

Seitenschloß-Doppelflinte
Gravur: Bouquet
Kaliber: 12
Gewicht: 3 kg

Fanzoj

ÖSTERREICH

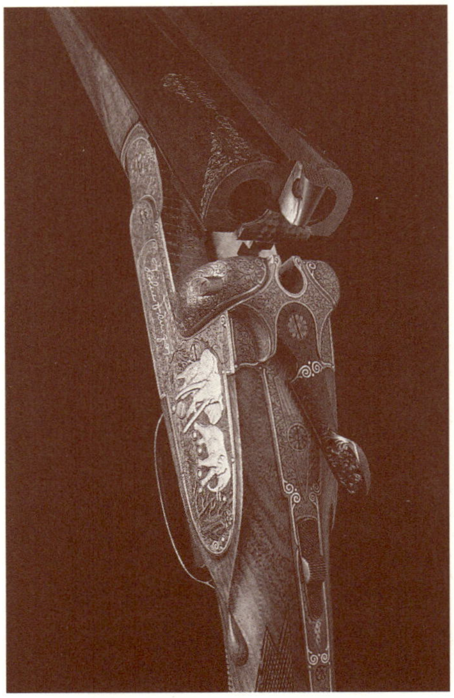

Nachdem dieses Unternehmen im Herzen eines Paradieses der Hochwildjagd liegt, ist es nur zu natürlich, daß es sich der Herstellung von Luxusbüchsen verschrieben hat. Seit fünf Generationen produziert die Familie Fanzoj in Ferlach hochwertige Waffen. Früher einmal gab es bedeutende Aufträge für das Militär, dann spezialisierte man sich immer mehr auf die Fabrikation von Jagdbüchsen. Zu den berühmtesten Kunden des Hauses gehörte unter anderem Kaiser Franz Joseph. Es gibt auch Photographien, die ihn nach einer Jagd zeigen, bei der er einen kapitalen Hirsch erlegt hatte.
Die Firma wird heute von Johann Fanzoj geleitet. Der Qualitätsstandard, der den Erfolg der Firma begründet hat, ist unter seiner Führung unverändert geblieben. Fanzoj produziert im wesentlichen Einzellader oder Doppelbüchsen sowie kombinierte Waffen.

Seitenschloß-Doppelbüchse
Gravur: Jagdstückgravur mit
Einlegearbeiten in Gold
Kaliber: 470 Nitro Express
Gewicht: 5,2 kg

Gastinne-Renette

FRANKREICH

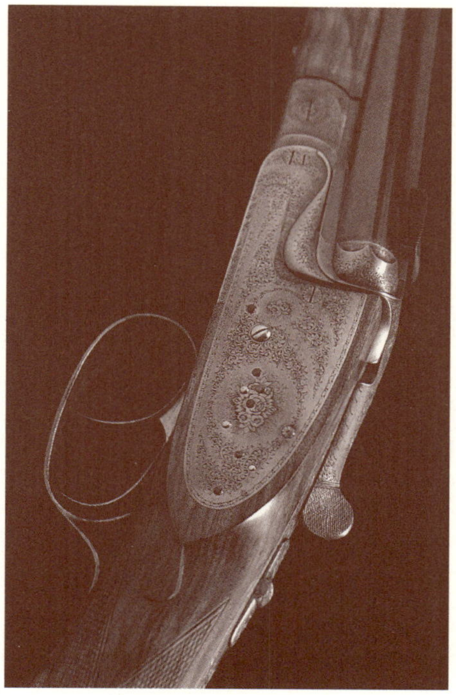

Dieses berühmte, traditionsreiche Haus, 1812 gegründet, hat in der Welt der Waffen zu Recht einen klangvollen Namen, denn seit mehr als eineinhalb Jahrhunderten widmet es sich der Fabrikation von Luxuswaffen. Monsieur Gastinne-Renette, Büchsenmacher Napoleons III., wurde später Waffenlieferant des Hofes.
Das renommierte Haus produziert auch heute noch klassische Jagdgewehre: prächtige Doppelflinten mit Edelholzverarbeitung und feinen Bouquet-Gravuren. Darüber hinaus bietet Gastinne-Renette Bockdoppelflinten, Büchsen, Jagdbekleidung und -accessoires sowie erstklassige Patronen an. Die Kunden haben die Möglichkeit, ihre Waffen auf dem Schießstand auszuprobieren. »Gastinne«, wie das Unternehmen oft genannt wird, verfügt über eine Sammlung von außergewöhnlichen Waffen, die zum Teil aus dem Besitz bedeutender Persönlichkeiten stammen.

Seitenschloß-Doppelbüchse
Gravur: feine englische Arabesken
Kaliber: 9,3 x 74 R
Gewicht: 3,5 kg

Granger

FRANKREICH

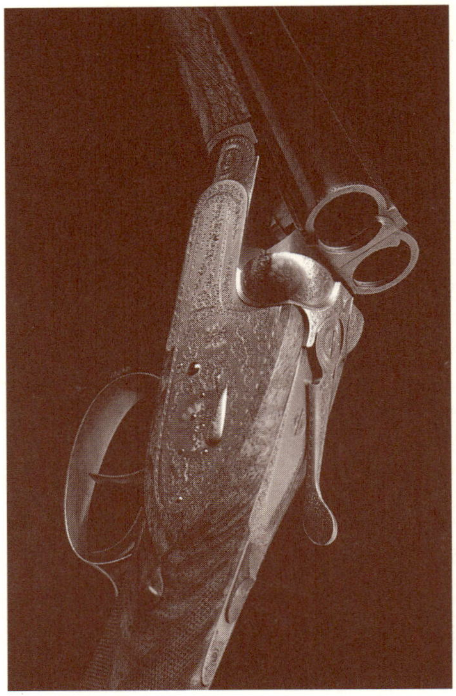

Mit ihrer Strategie, Waffen von der Qualität englischer Fabrikate herzustellen, sie aber zu einem sehr viel günstigeren Preis auf den Markt zu bringen, ist diese französische Firma ein Wagnis eingegangen, das sie erfolgreich bestanden hat. 1967 übernahm Georges Granger (1968 als bester Handwerker Frankreichs ausgezeichnet) das Unternehmen Guichard (dieses hatte einen Spezialverschluß mit der Bezeichnung »Aiglon« entwickelt) und konzentrierte sich seitdem auf die Fabrikation von hochwertigen Waffen. Der Betrieb arbeitet zwar mit nur sechs Handwerkern, die aber auf ihrem jeweiligen Gebiet alle hochqualifiziert sind. Die Waffen werden auf Bestellung angefertigt und tragen den Wünschen der Kunden in hohem Maße Rechnung. Besondere Sorgfalt gilt der Fabrikation der Basküten, die ein geschmeidiges Öffnen der Waffe gewährleisten. Die Seitenschlosse sind vom Typ Holland. Für Montage und Gravuren sind die besten Spezialisten ihres Faches verantwortlich. Die Geschicke dieses kleinen, aber feinen Unternehmens der Luxusklasse liegen heute in den Händen Richard Levys, des langjährigen Kompagnons von Georges Granger.

Seitenschloß-Doppelflinte
Feine englische Gravur (P. Sabatti)
Kaliber: 12
Gewicht: 3,3 kg

Hartmann & Weiß

DEUTSCHLAND

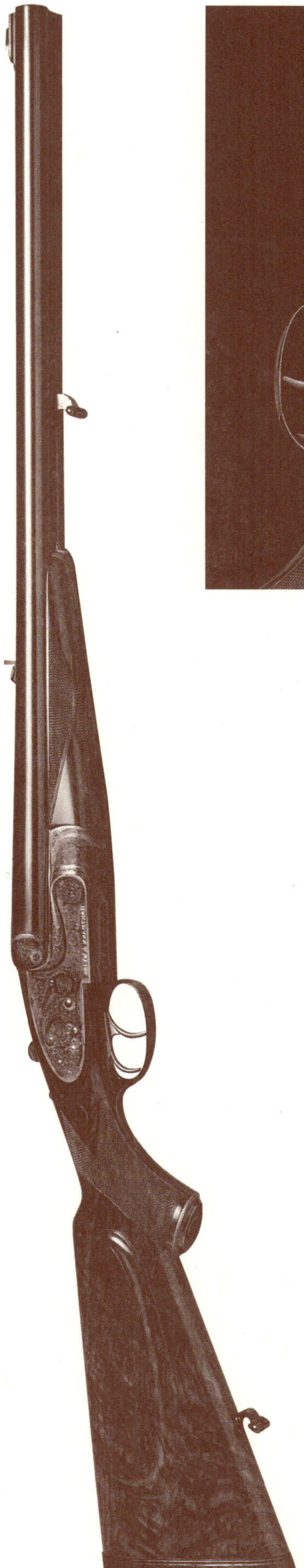

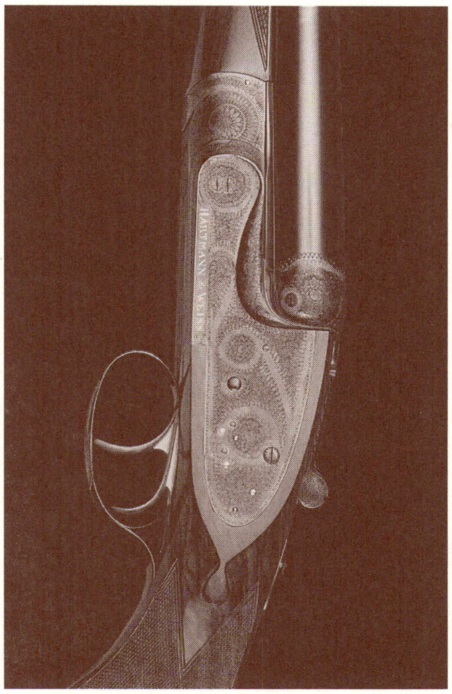

Dieses Unternehmen wurde vor dreißig Jahren von Gerhard Hartmann und Otto Weiß gegründet. Hartmann erlernte sein Metier in Ferlach, dem Mekka der österreichischen Büchsenmacher, und Otto Weiß in der legendären Waffenschmiede von Suhl, wo er für Merkel arbeitete. Daß letzterer zudem bei Purdey tätig war, spricht nur für seine außerordentliche Qualifikation.
Diese beiden Künstler setzen zwar modernste Techniken ein, schwören aber zugleich auf die handwerkliche Qualität der Verarbeitung. Mit Ausnahme der Gravur wird bei ihnen alles in Eigenfertigung hergestellt. Sie sind nämlich der Ansicht, daß es auf dem Markt heute nicht mehr genügend gute Kunsthandwerker gibt, weshalb sie selber lieber mit einem Team zusammenarbeiten, auf das sie sich verlassen können. Die Fabrikation weist denn auch eine außergewöhnliche Qualität auf, die sogar manchen englischen Firmen überlegen ist. Auf jeden Fall unterscheidet sich die Präzisionsarbeit dieses Hauses von dem, was in Deutschland üblicherweise produziert wird. Das Sortiment umfaßt Seitenschloß-Doppelflinten, Bockdoppel- und Kipplaufbüchsen.

Seitenschloß-Doppelflinte
Gravur: feine englische Gravur
Kaliber: 600 NE
Gewicht: 6,5 kg

Heym

DEUTSCHLAND

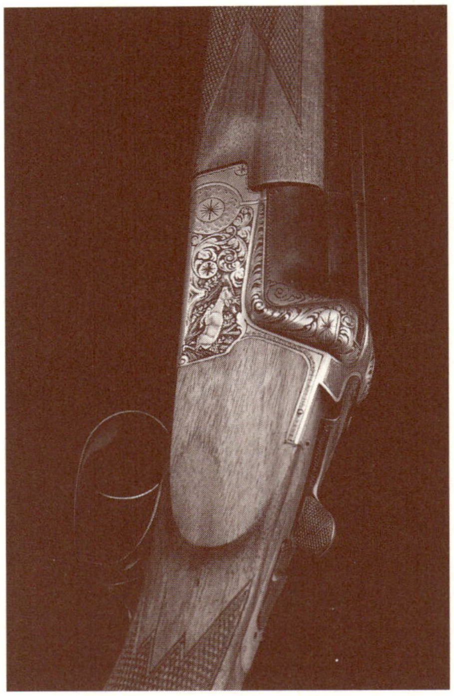

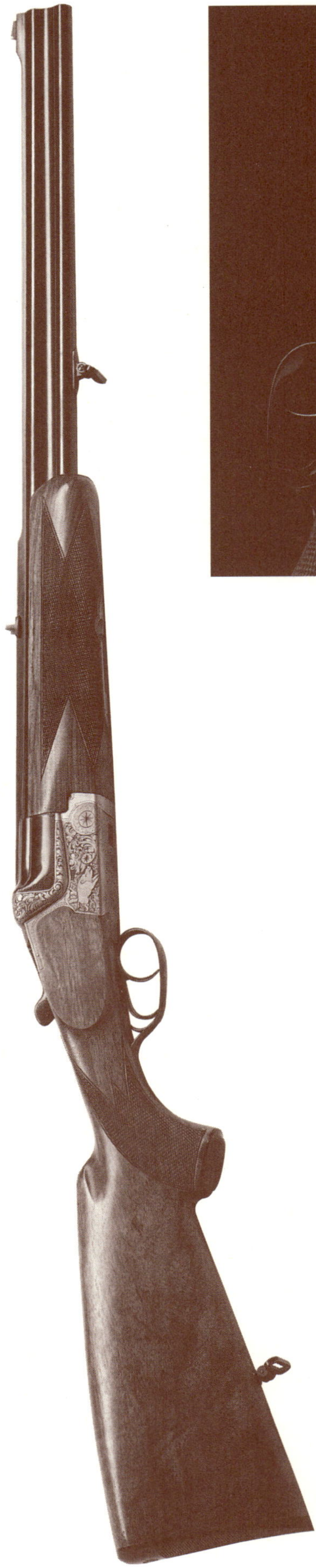

1865 von Friedrich Wilhelm Heym in Suhl gegründet. Seinen hervorragenden Ruf verdankt Heym der Produktqualität und -vielfalt seiner Bergstutzen und Bockdrillinge. Das Modell SR 30 mit Geradezugverschluß und Patronenlager-Verriegelung steht in direkter Konkurrenz zum entsprechenden Fabrikat von Blaser, verfügt aber außerdem noch über einen Stecherabzug und ein verstellbares Metallmagazin (auswechselbare Läufe). Mit Hilfe von computergesteuerten Maschinen wird bei Kipplaufbüchsen und Drillingen eine außergewöhnliche Präzision erreicht. Heym gehört zu den ganz wenigen handwerklichen Betrieben, in denen die Justierung und Konvergenz der Büchsläufe (bei Doppel- und Bockdoppelbüchsen) äußerst streng beachtet werden. So beträgt etwa bei einem Schuß aus 80 m auf ein Ziel von der Größe einer Zigarettenschachtel die Abweichung zwischen den Einschüssen aus dem oberen und dem unteren Büchslauf 4 cm! Für passionierte Hochwildjäger das reinste Vergnügen.

Modell: 55 B
Bockdoppelbüchse
Gravur: Jagdstückgravur
Kaliber: 9,3 x 74 R
Gewicht: 3,2 kg

Holland & Holland

ENGLAND

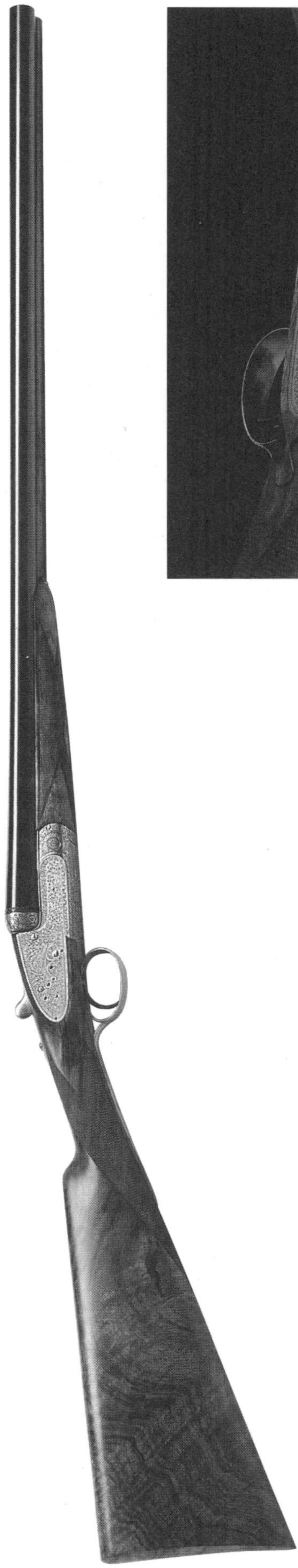

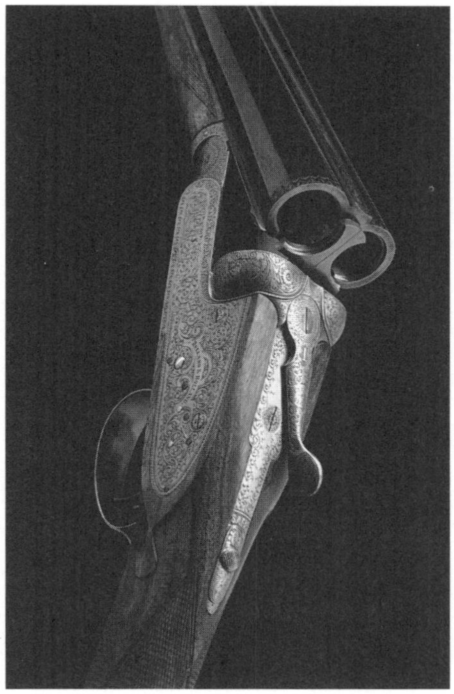

Das Haus wurde 1835 von Harris J. Holland gegründet, der sich 1876 mit seinem Neffen Henry W. Holland assoziierte. Auf diese Weise kam das Unternehmen zu seinem Namen Holland & Holland. Gegen Ende des 19. Jahrhunderts hatte die Firma mit ihren doppelläufigen Flinten und Büchsen Weltruf erlangt. 1885 wurde Holland & Holland offizieller Lieferant der königlichen Familie.
80 Prozent der heute produzierten Waffen werden von Privatkunden geordert. Jährlich verlassen über hundertvierzig Waffen die Werkstätten, darunter mehr als ein Drittel Sportbüchsen, die zum größten Teil für die USA bestimmt sind. Holland & Holland ist eine der wenigen Marken, die ihre Produktpalette für Accessoires wie Jagdbekleidung und -zubehör diversifiziert hat, gleichzeitig aber auch ihre Waffentechnologie ständig weiterentwickelt. Der Konkurrenzkampf zwischen den ewigen Rivalen Holland und Purdey hält unvermindert an. Die Preise sind in etwa gleich, und die Liebhaber edler Waffen halten der einen oder anderen Marke bedingungslos die Treue – zum höheren Ruhme Englands.

MODELL: ROYAL GAME
Seitenschloß-Doppelflinte
Gravur: Royal
Kaliber: 12
Gewicht: 3,4 kg

Krieghoff

DEUTSCHLAND

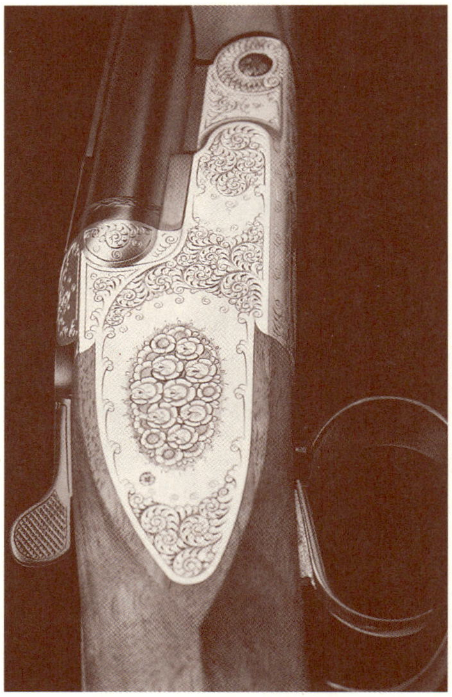

Auf dem deutschen Markt für Drillinge nimmt dieser Hersteller den ersten Platz ein. Der 1885 von Ludwig Krieghoff in Suhl gegründete Familienbetrieb wurde nach dem Zweiten Weltkrieg in Ulm neu aufgebaut. Krieghoff liefert Produkte von hoher Qualität und hat äußerst zuverlässige Sicherheitssysteme in bester Büchsenmachertradition entwickelt. Das Sortiment ist außerordentlich weit gestreut: Lieferbar sind Doppelflinten, Doppelbüchsen oder kombinierte Waffen in einer großen Palette von Kalibern. Die Bockwaffen, Modelle Teck, Teck Dural und Teck H, sind mit einem Anson-System ausgestattet, das Modell Ulm hat Seitenschlosse, deren Hahn durch Spiralschlagfedern gespannt wird, außerdem eine sehr viel kunstvollere Gravur. Die Bockdoppelflinte K 32 sieht der Remington 3200 zum Verwechseln ähnlich.

MODELL: CLASSIC
Doppelbüchse
Gravur: Laubwerk und Bouquets
Kaliber: 9,3 x 74 R
Gewicht: 3,3 kg

Lebeau-Courally

BELGIEN

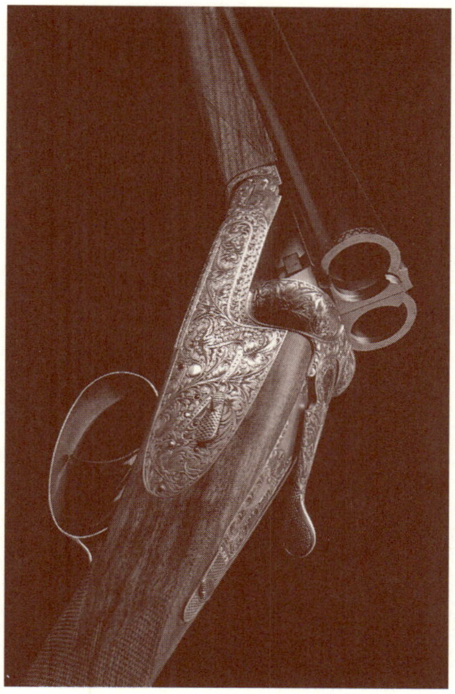

Diese berühmte Lütticher Waffenschmiede wurde 1865 von Auguste Lebeau gegründet, der sich mit Ferdinand Courally assoziierte. Sie gehört zu den ältesten Handwerksbetrieben Belgiens und zeichnet sich durch eine erstaunliche Qualität ihrer Produktion aus. Die Gravuren werden in der eigenen Werkstatt angefertigt, und die Hölzer stammen von besten Walnußbäumen Frankreichs, die im Périgord wachsen. Die Fabrikation mancher Modelle erfordert bis zu vierhundert und sechshundert Arbeitsstunden. Bei der Bockdoppelflinte Boss Verrees hat die Firma Boss (in London) die Genehmigung erteilt, sie mit ihrer sehr speziellen Basküle auszustatten. Diese Waffe ist dem Gedenken an Monsieur Joseph Verrees gewidmet, dem es zwischen 1956 und 1982 gelungen war, die talentiertesten Büchsenmacher seiner Zeit um sich zu versammeln. Seit 1982 liegt die Leitung des Unternehmens in den Händen von Madame Anne-Marie Moërmans.

MODELL: NEMROD
Seitenschloß-Doppelflinte
Gravur: Arabesken, 1/3 tiefgestochen
Kaliber: 12
Gewicht: 3,4 kg

Mauser

DEUTSCHLAND

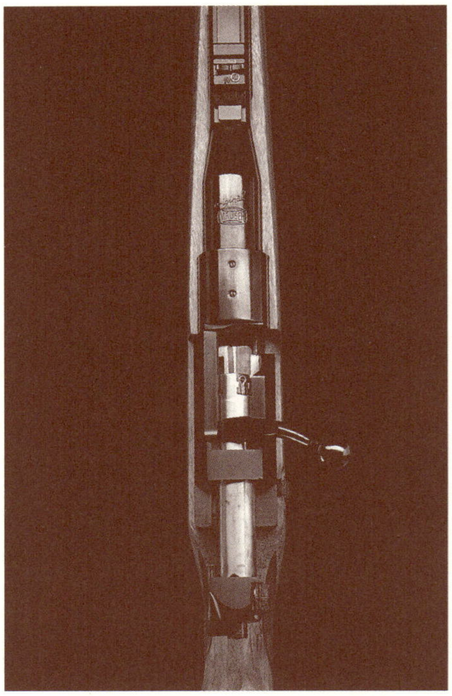

Zu Beginn der 1890er Jahre entwickelten die Brüder Mauser eine Büchse mit beweglichem Verschluß, der über eine Vorderverriegelung mit zwei Warzen und einen Patronenauszieher mit überdimensionaler Platte verfügte. Diese Büchse, M 98, erhielt ihren Namen im Jahre 1898, als sie von der preußischen Armee übernommen wurde. Das Mauser-Schloß ist ein Universalverschluß, der auch heute noch immer wieder imitiert wird.
1965 brachte Mauser einen neuen teleskopartigen Kurzverschluß auf den Markt, dessen wichtigster Vorzug darin besteht, daß er den Vorgang des Nachladens erheblich reduziert und die Gesamtlänge der Waffe verkürzt. Routinierte Büchsenmacher verwenden dieses Verfahren häufig bei der Entwicklung von Luxuswaffen (etwa Holland & Holland oder Gastinne-Renette).

MODELL: MAUSER 66 S
Repetierstutzen
Kaliber: 7 x 64
Gewicht: 3,1 kg

Merkel

DEUTSCHLAND

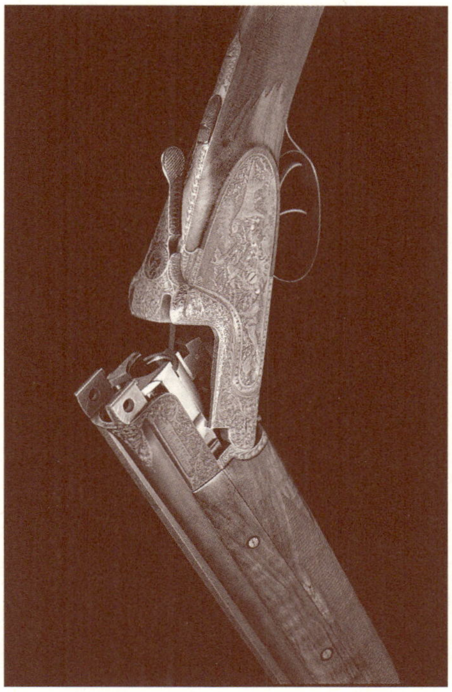

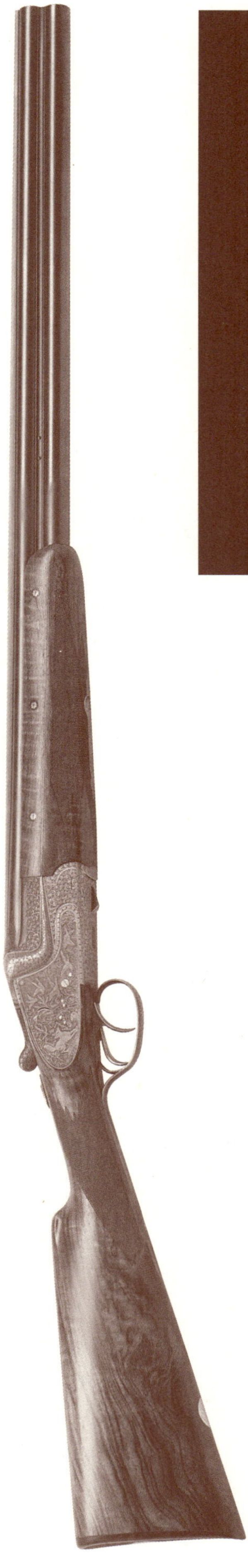

Das Haus wurde 1898 von den Gebrüdern Merkel in Suhl gegründet, die 1905 ihre erste hahnlose Bockdoppelflinte herausbrachten. Renommee erwarb sich die Firma wegen ihres konkurrenzlosen Preis-Leistungs-Verhältnisses.
Nach dem Ende des Zweiten Weltkrieges wurde das Unternehmen enteignet und dem VEB Ernst-Thälmann-Werk in der DDR angegliedert. Mit der Wiedervereinigung von 1990 entstand die Firma unter ihrem alten Namen neu, was auch zu einer erheblichen Preissteigerung ihrer Fabrikate führte. 1993 wurde Merkel vom österreichischen Waffenhersteller Steyr übernommen. Merkel steht zu Recht in dem Ruf, äußerst robuste, aber auch etwas schwere Waffen zu produzieren. Der überladene Stil ihrer Gravuren ist bei den deutschen Kunden jedoch überaus beliebt. Inzwischen hat die Firma ihre Produktpalette um einiges ausgeweitet und insbesondere interessante Einzellader-Jagdbüchsen entwickelt, die genauso solide sind wie die anderen Modelle des Merkel-Sortiments. Diese Büchsen werden unter der Markenbezeichnung Simson angeboten.

MODELL: 303
Seitenschloß-Bockdoppelflinte
Gravur: Arabesken, 1/2 tiefgestochen
Kaliber: 12
Gewicht: 3,4 kg

Perazzi

ITALIEN

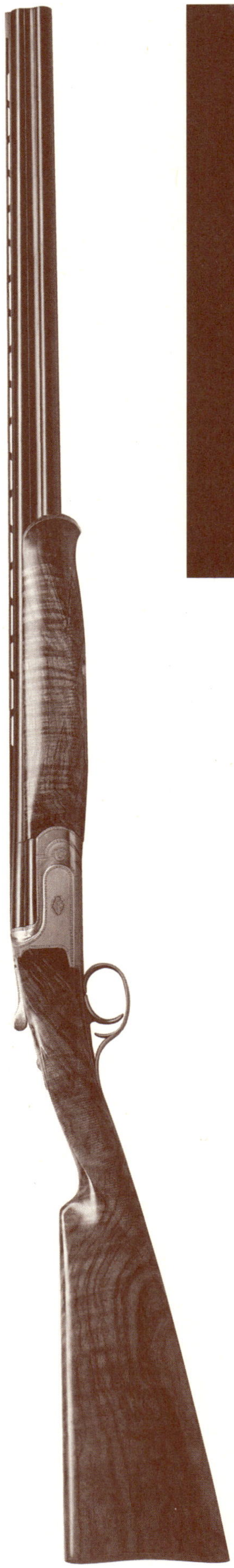

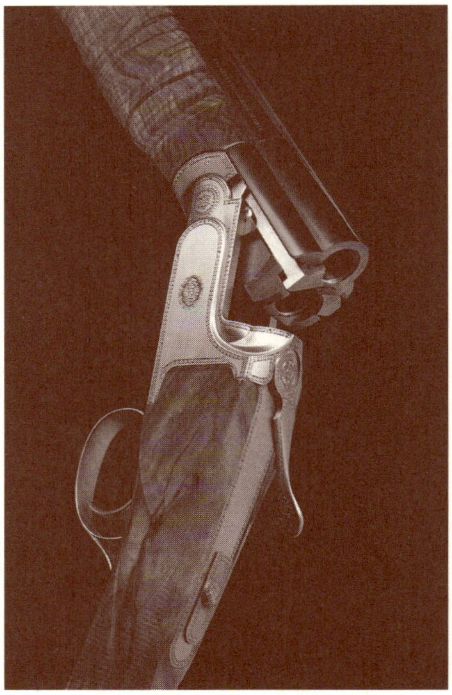

Die im norditalienischen Brescia angesiedelte Waffenschmiede hat sich mit der Fabrikation von Sportgewehren einen soliden Ruf erworben. Ursprünglich ausschließlich im sportlichen Bereich tätig (MX 4, dann MX 8), bietet sie inzwischen auch ein Sortiment von Jagdwaffen an (MX 12, MX 20), die gleichermaßen zuverlässig und robust sind. Die Herstellung ist vollautomatisiert: Man arbeitet mit computergesteuerten Maschinen, die aufgrund ihrer außerordentlichen Präzision im Ergebnis sehr nahe an handwerkliche Fertigung herankommen, und kann auf diese Weise standardisierte und damit austauschbare Exemplare produzieren. Wenn die Jagd auch einen guten Absatzmarkt bietet, so bleibt der Sport doch das eigentliche Geschäft dieser Firma, die ihre Sportgewehre im übrigen mit zwei Federn und zwei Ersatzschlagbolzen ausstattet. In der Tat kommt es ja darauf an, diese Teile sehr schnell auszuwechseln, falls sie bei einem Wettbewerb einmal ausfallen sollten. Da diese Gewehre zudem über ein bewegliches Schloß verfügen, läßt sich die Reparatur an Ort und Stelle in nicht einmal einer Minute ausführen.

MODELL: MX 8
Bockdoppelflinte
Gravur: Bouquet
Kaliber: 28
Gewicht: 3 kg

Piotti

ITALIEN

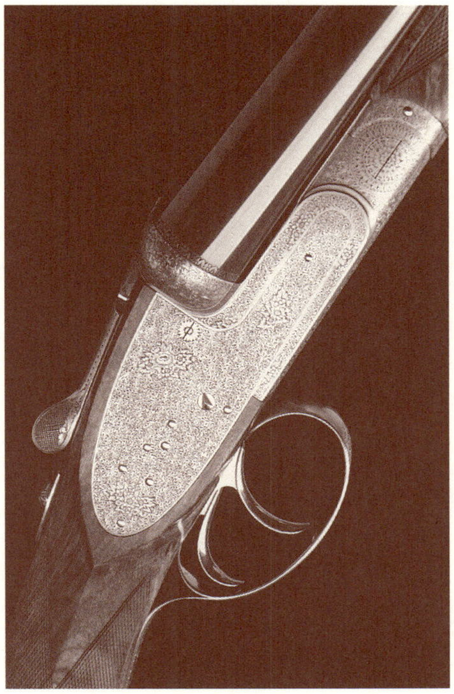

Piotti stellt ausschließlich Luxuswaffen her, Doppelflinten und Bockdoppelflinten mit oder ohne Seitenschlosse. Die Fabrikation der mechanischen Teile sowie die Holzverarbeitung sind über jede Kritik erhaben. Ob Doppelflinte mit abnehmbaren Seitenschlossen – mit oder ohne Seitenverstärkung, mit Ein- oder Doppelabzug –, ob einläufige Flinte oder Drilling, ob Tropenbüchse im Kaliber .375 HH oder Sportbüchse: Hier gibt es nichts als Luxus, Schönheit und Harmonie.

Bei Piotti werden zwei Arten von Seitenschlossen fabriziert: das konventionelle vom Typ Holland & Holland mit Abzugssicherung und das »rückliegende« Seitenschloß. Diese Bezeichnung rührt daher, daß der gesamte Mechanismus, einschließlich der Schlagfeder, möglichst weit hinten im Seitenschloß untergebracht ist. Dadurch braucht die Basküle nicht ausgehöhlt zu werden, was ihr natürlich größere Festigkeit verleiht. Lieferbar sind diese Waffen in Kaliber 12, 16, 20, 28 und .410 für Flinten mit glattem Lauf und in europäischen und afrikanischen Kalibern für Bockwaffen.

MODELL: KING NR. 1
Seitenschloß-Doppelflinte
Gravur: feine englische Gravur
mit Laubwerk und Bouquet
Kaliber: 12
Gewicht: 3,2 kg

Purdey

ENGLAND

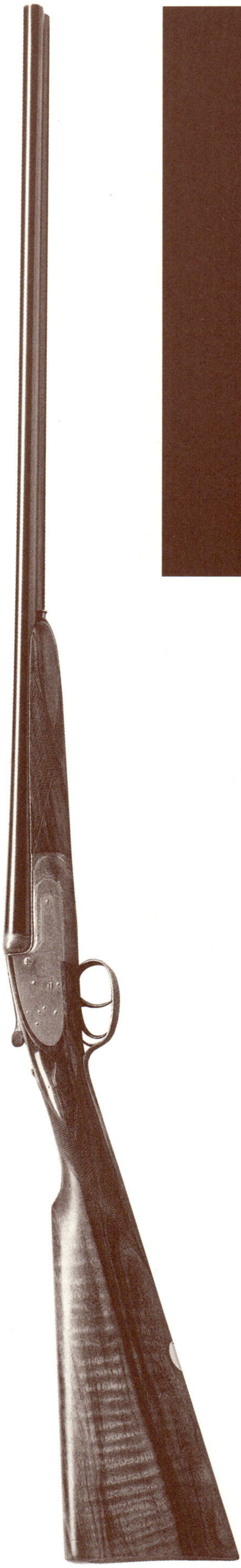

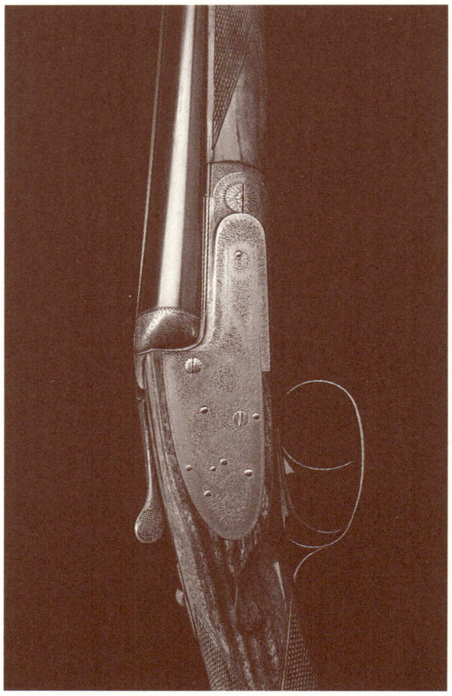

Das 1784 von James Purdey (dem unmittelbaren Konkurrenten von Holland & Holland) gegründete Haus ist auf dem Markt der Gewehre mit Flintenlauf zum absoluten Maßstab geworden.
Dieser Fabrikant entwickelte das System der Dreifachverriegelung, das auch seinen Namen trägt (Purdey-Verschluß) und, zusammen mit F. Bresley, eine automatische Kippvorrichtung der Läufe beim Öffnen. Dank dieser Erfindung wurde bei der Treibjagd zu zweit oder zu dritt wertvolle Zeit gewonnen. Dieses sogenannte *Self Opening*-Verfahren – nicht zu verwechseln mit dem *Easy Opening*, das lediglich das Öffnen des Gewehrs erleichtern soll – hat Schule gemacht. Auch auf dem Markt für Gebrauchtwaffen ist die Marke sehr gesucht, wobei der Wert der verschiedenen Modelle sich, wie bei edlen Weinen, nach ihrem Jahrgang bemißt.

Seitenschloß-Doppelflinte
Gravur: Bouquet auf jaspisfarbigem Grund
Kaliber: 28
Gewicht: 2,6 kg

Remington

USA

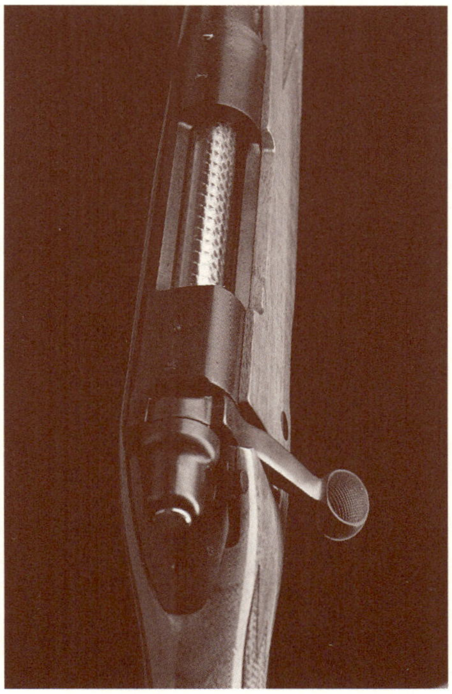

Die älteste amerikanische Jagdwaffenfabrik ist heute ein gigantisches Unternehmen. Ihr Gründer, Eliphalet Remington (1793 bis 1861), machte sich 1828 selbständig und produzierte ab 1845 für die amerikanische Armee. Mit Hilfe von Fordyce Beals entwickelte er 1857 den ersten Remington-Revolver. Seitdem hat sich die Firma ständig vergrößert und Waffen der unterschiedlichsten Typen hergestellt: Einzelladerbüchsen mit Rollingblock-Verschluß, Selbstlade-Repetierbüchsen (darunter die Serie »Seven«), Pump Guns.
Zu den berühmtesten Modellen gehört die Selbstladebüchse 7400, die bei der Hochwildjagd überaus beliebt ist. Die Büchsenpatronen 280 Remington oder 7 mm Remington Magnum sind Standardkaliber.
Remington hat aber auch Gewehre mit Flintenlauf im Sortiment: eine einzige Doppelflinte (Modell 1900), Bockdoppelflinten (darunter das von Sportschützen sehr geschätzte Modell 3200) und natürlich die Pump Gun 870, noch bekannter in der Version 870 Police mit der Bezeichnung Riot Gun. Letztere ist die einzige Pump Gun, die es im Kaliber 12 Mag. bis .410 Mag. gibt. Die in Europa am meisten verkauften Remington-Waffen sind die Pump Gun 870 und die Repetierbüchse M 700 mit beweglichem Verschluß.

Modell: 700 BDL
Repetierbüchse
Kaliber: 7 mm Remington Mag.
Gewicht: 3,4 kg

Ruger

USA

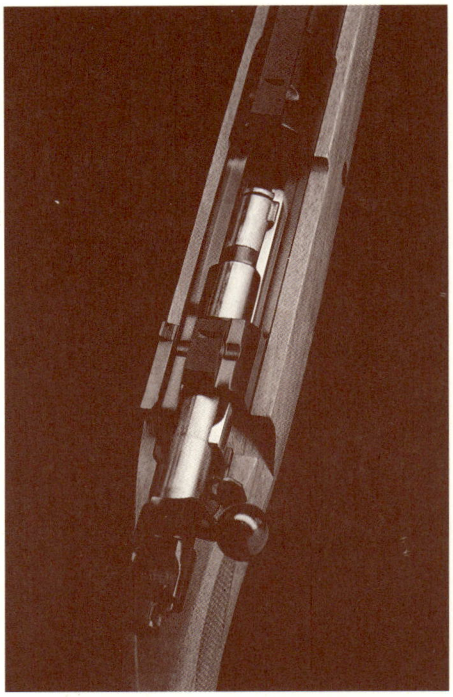

Diese Firma wurde gleich nach dem Zweiten Weltkrieg, 1949, gegründet, um das Patent für eine automatische Pistole zu verwerten. Seine Kreativität sicherte Ruger sehr schnell einen durchschlagenden Erfolg: Unter allen US-Herstellern ist er inzwischen mit dem umfangreichsten Sortiment (Handfeuerwaffen, Flinten, Büchsen) auf dem Markt vertreten.
Bill Ruger setzt auf die Schlichtheit und Zuverlässigkeit seiner Produkte. Die Firma bietet heute äußerst beliebte Jagdbüchsen für Hochwild an. Das bekannteste Modell, die Repetierbüchse Ruger 77, ist in ihrem Preis-Leistungs-Verhältnis unschlagbar. Die Montage des Zielfernrohrs – es wird mit zwei Schellen an der Waffe befestigt – ist außerordentlich einfach, und der Käufer kann sie ohne weiteres selbst bewerkstelligen. Für die Ruger 77 ultra-light eignet sich am besten das Kaliber .243 Win; mit einem guten Zielfernrohr ausgestattet ist sie die ideale Waffe für die Rehwildjagd.

Modell: Ruger 77 Safari
Repetierbüchse
Kaliber: .416 Rigby
Gewicht: 3,8 kg

Sauer

DEUTSCHLAND

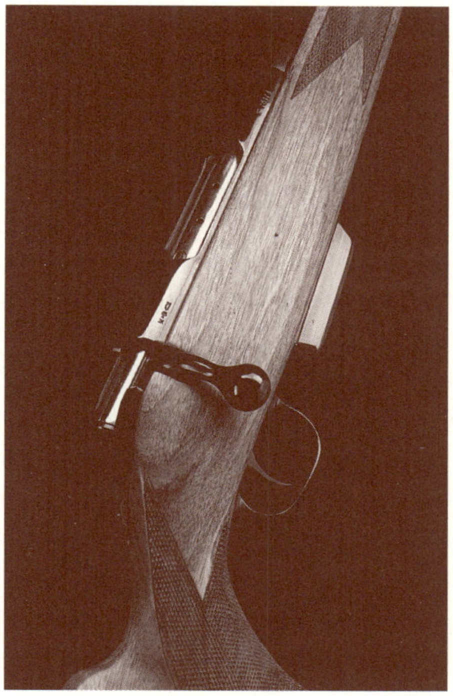

Diese 1751 im thüringischen Suhl gegründete Fabrik ist wegen der hohen Qualität ihrer Waffen berühmt. Die Modelle 80/90 sind handgefertigt, die neuen 200/202 werden mit computergesteuerten Maschinen hergestellt, wodurch die Teile ohne Justierung austauschbar sind (auswechselbare Läufe). Der Mechanismus der 90er Modelle arbeitet mit einzigartiger Geschmeidigkeit. Der Verschluß wird durch drei rückliegende Warzen verriegelt. Sein Image verdankt Sauer dem Modell 90, das in vielen Kalibern lieferbar ist, von .270 Winchester bis .375 HH. Sauer und Blaser, die sich 1988 zusammengeschlossen haben, bieten Büchsen an, die von Hochwildjägern auf der ganzen Welt geschätzt werden.

MODELL: SAUER 90
Repetierstutzen
Kaliber: .243 Winchester
Gewicht: 3,2 kg

Scheiring

ÖSTERREICH

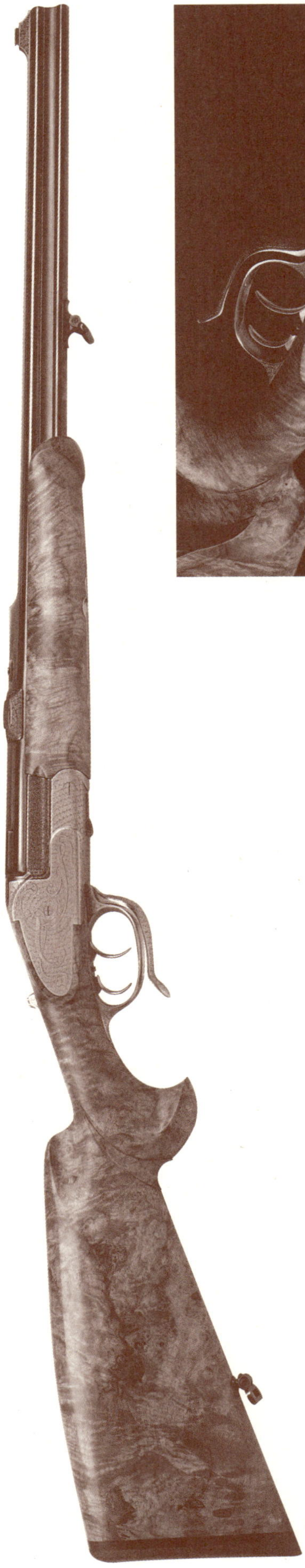

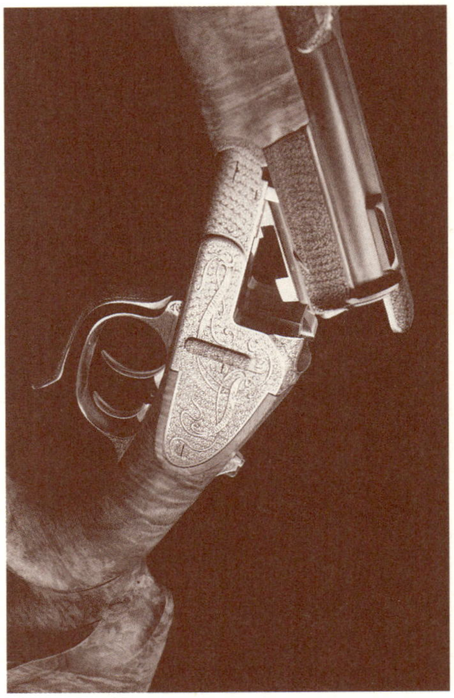

Österreich ist die Heimat der Edelwaffen, vor allem der Büchsen für die Pirsch. Das Phänomen erklärt sich daher, daß Hochwild in diesem Land überreich vorhanden ist. Nicht verwunderlich also, daß Scheiring mit äußerster Detailbesessenheit handgefertigte Luxuswaffen von großer Verarbeitungsqualität produziert. Die Waffenfabrikanten arbeiten hier mit außergewöhnlicher Sorgfalt daran, die Basküen der Büchsen oder die Kipplauf-Einzellader zu feilen, zu ziselieren und zu justieren.
Diese Büchsen werden von Jägern verwendet, die in ihrem Jagdethos äußerst anspruchsvoll sind und keine Waffen wollen, die mehrere Schüsse abgeben können. Ihnen genügt eine gut plazierte Kugel, um das ausgespähte Wild zu erlegen. Scheiring ist auch einer der wenigen Hersteller, die vor der Herstellung eines komplizierten achtkantigen Laufs nicht zu kapitulieren brauchen. Wer immer eine solche Waffe erwerben will, wird daran interessiert sein, persönlich nach Österreich zu reisen, um sich vor Ort mit diesen Meistern ihres Faches zu beraten.

MODELL: SCHEIRING JUBILÄUM
Bergstutzen
Gravur: feine englische Gravur
mit Arabesken
Kaliber: 5,6 x 50 R und 7 x 65 R
Gewicht: 2,9 kg

Steyr-Mannlicher

ÖSTERREICH

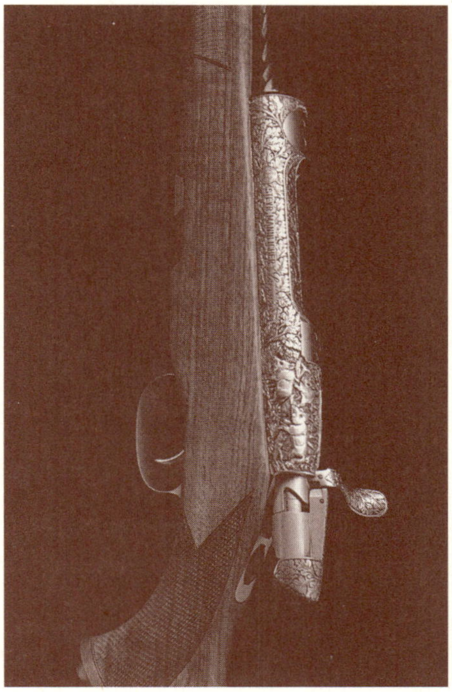

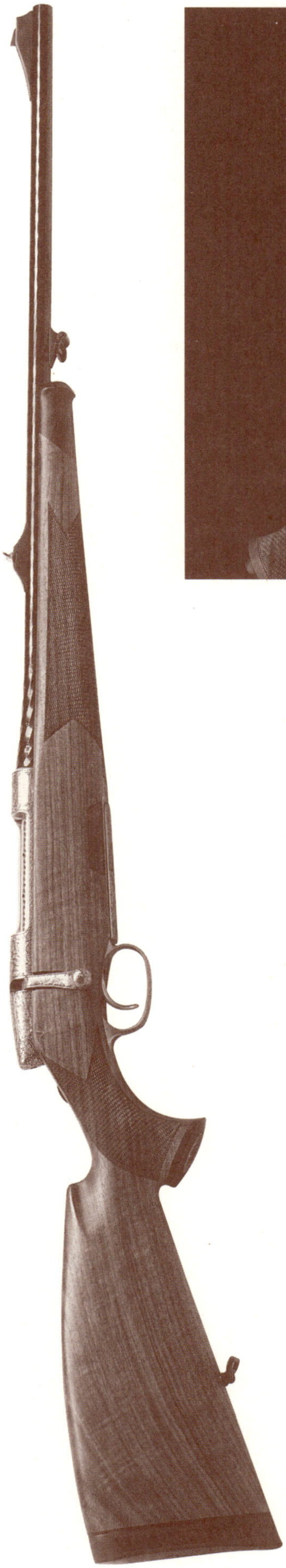

Die Marke ist nicht ganz so bekannt wie der Name Mauser, der sich inzwischen als Synonym für Jagdbüchsen schlechthin eingebürgert hat, doch unter Hochwildjägern genießt sie einen außerordentlichen Ruf. Otto Schönauer und Ferdinand Ritter von Mannlicher konstruierten zu Beginn des Jahrhunderts die ersten nach ihnen benannten Gewehre mit Trommelmagazin, die sie dann produzierten. Eine Weiterentwicklung des Mannlicher-Schönauer-Repetierers war die berühmte Steyr-Mannlicher-Büchse, mit der die Steyr-Daimler-Puch AG 1964 auf den Markt kam. Die besonderen Merkmale dieser Waffen, die inzwischen weltweiten Ruf erlangt haben, sind das geschlossene Gehäuse, innen- und außengehämmerte Läufe, sehr leichtes Schlagbolzengewicht bei kurzem Schlagweg sowie sechs überdimensionierte, symmetrisch angeordnete Verriegelungswarzen. Mit dem Modell SBS 96 brachte Steyr-Mannlicher 1996 eine Waffe mit Vorderverriegelung heraus. Diese Büchsen sind für anspruchsvolle Kunden bestimmt, die auf Präzision und Zuverlässigkeit Wert legen.

MODELL: LUXUS
Repetierbüchse
Gravur: Jagdstückgravur
Kaliber: 9,3 x 62
Gewicht: 3,5 kg

Weatherby

USA

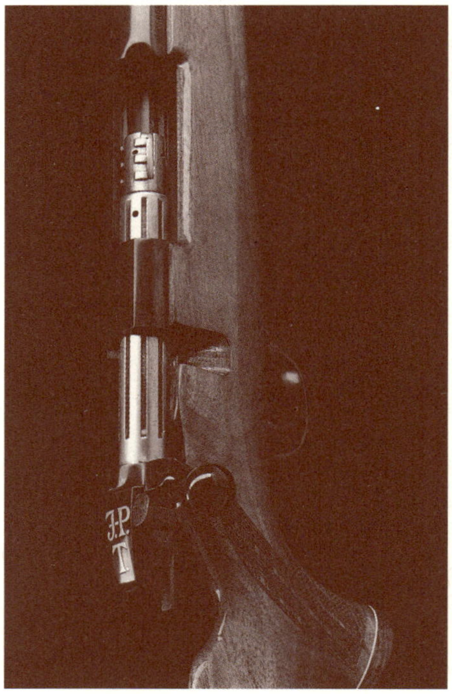

Nicht nur Winchester, auch Weatherby hat Büchsen von legendärem Ruf hervorgebracht. Der 1910 geborene Roy Weatherby laborierte mit wahrer Besessenheit an Hochleistungspatronen mit hoher Anfangsgeschwindigkeit. Aus dieser fixen Idee wurde schließlich eine ganze Reihe neuer Kaliber geboren. In der Erkenntnis, daß herkömmliche Verschluß-Systeme den extrem hohen Gasdrücken seiner Munition nicht unbedingt standhalten, entwickelte er 1958 ein längeres System mit Neun-Warzen-Verschluß und rückwärtiger Gasabführung.
Seine Kaliber eignen sich vor allem für Schüsse auf extreme Distanz, so hat sich etwa das .460 Weatherby Mag. bei afrikanischen Großwildjagden äußerst bewährt. Das .300 Weatherby Mag. entfaltet auf 100 m eine Geschoßenergie von nahezu 500 kg/m und das .460 Weatherby Mag. von fast 850 kg/m. Letzteres ist ideal für die Elefantenjagd, die heute sehr strengen Kontrollen unterliegt.

MODELL: MARK V
Hochwild-Repetierbüchse
Kaliber: .378 Weatherby
Gewicht: 3,4 kg

Westley-Richards

ENGLAND

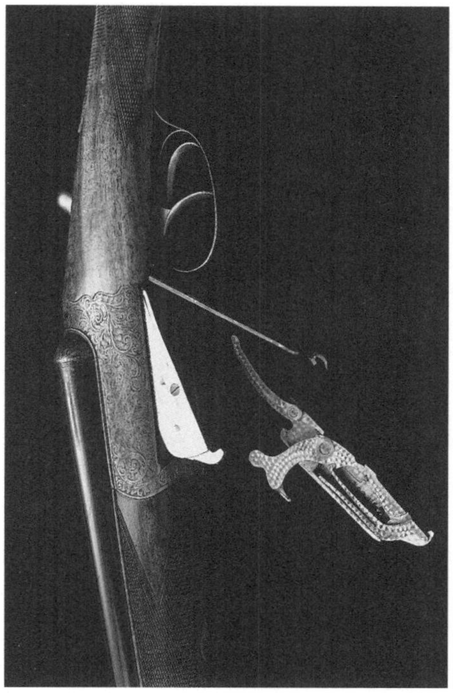

Die Firma Westley-Richards and Co. Ltd wurde 1812 von William Westley-Richards in Birmingham gegründet. Sein Sohn, eine Persönlichkeit von großem Charisma, meldete etwa dreißig Patente an, von denen die meisten einen entscheidenden Einfluß auf die Entwicklung des Jagdgewehrs mit Kippläufen haben sollten.

Zum weiteren Ruhm des Hauses Westley-Richards trug die Erfindung des hahnlosen Kastenschlosses vom Typ Anson & Deeley im Jahre 1875 bei, das durch das Kippen der Läufe geladen wird, ein Mechanismus von bemerkenswerter Festigkeit, der mit nur wenigen Einzelteilen auskommt. Die beiden Erfinder arbeiteten als Werkmeister beziehungsweise Vertriebsdirektor bei Westley-Richards. 1886 brachte die Firma den ersten automatischen Patronenauswerfer auf den Markt, der wirklich zuverlässig war. 1890 kam ein doppelter Abzugshebel hinzu, der ein unbeabsichtigtes gleichzeitiges Brechen des zweiten Schusses verhindert, und 1901 der selektive Mechanismus für den Einabzug. 1904 schließlich wurde ein abnehmbares Schloß mit Unterhebelverschluß entwickelt.

Doppelflinte
Gravur: Laubwerk, ½ tiefgestochen
Kaliber: 20/70
Gewicht: 2,5 kg

Praktische Ratschläge

Waffenpflege

Da Ihre Waffe erheblichen Temperaturschwankungen ausgesetzt ist, müssen Sie sie nach der Rückkehr von der Jagd als allererstes mit einem trockenen Tuch (ohne Verwendung irgendwelcher Mittel) abwischen. Dann wird sie – nach Möglichkeit in zerlegtem Zustand – in die Nähe eines Heizkörpers (Zentralheizung oder Ofen) gestellt, um sie von Schwitzwasser zu befreien, denn für Ihre Waffe gibt es nichts Schädlicheres als Feuchtigkeit. Sobald sie Zimmertemperatur erreicht hat, können Sie sich ans Reinigen machen.

Dazu führen Sie den mit einer metallenen Waffenreinigungsbürste versehenen Putzstock ins Laufinnere ein und beseitigen die Pulver- und Bleirückstände; kontrollieren Sie, ob auch tatsächlich alle Spuren verschwunden sind. Erst dann können Sie mit Hilfe des Wollwischers das Laufinnere leicht ölen.

Reinigen Sie gründlich das Patronenlager im hinteren Teil der Läufe. Aufgrund der erheblichen Oxydationsanfälligkeit der Lager können beim Auswerfen Probleme auftreten. Im Choke (am anderen Ende) halten sich die Bleirückstände besonders hartnäckig, weshalb gerade dieser Teil des Laufs der verstärkten Reinigung bedarf.

Zur äußeren Pflege der Läufe tragen Sie ein wenig Öl auf die Zylinder auf und verreiben dieses kräftig mit einer Holzbürste (weiche Borsten), vor allem in den Zwischenräumen der Laufschiene. Polieren Sie mit einem trockenen Tuch, und tragen Sie anschließend mit einem anderen eine ganz dünne Schicht Waffenöl auf.

Beim Entladen des Zündsystems müssen die Schlagbolzen mit dem Stiel der Holzbürste herausgezogen werden; man darf sie nicht abdrücken, ohne daß die Waffe geladen ist, da sie sonst beschädigt werden könnten.

Kolben und Vorderschaft müssen, je nachdem, ob sie lackiert oder geschliffen und geölt sind, unterschiedlich behandelt werden. Im ersten Falle müssen sie abgewischt und anschließend leicht eingeölt werden. Im zweiten Falle benötigt man ein spezielles Schaftöl. Verwenden Sie kein Waffenöl, denn es enthält aggressive Zusätze, die das Holz leicht angreifen können. Setzen Sie Ihre Waffe wieder zusammen – ohne sie zu spannen – und bewahren Sie sie möglichst in einem Gewehrständer oder einem Schrank auf. Lassen Sie sie keinesfalls in einem Etui oder einem Kasten, denn die dort auftretende Feuchtigkeit könnte Korrosionsfolgen haben.

Praktische Ratschläge

Die passende Waffe

Machen Sie, ehe die Jagdsaison beginnt, ein paar Übungen auf einer Schießstandanlage mit Kugelfang. Es ist nicht nur wichtig, daß Sie trainieren, sondern Sie sollten sich auch die Ratschläge eines Schießleiters zunutze machen, der Sie möglicherweise auf Fehler hinweisen und Ihnen sagen kann, ob Sie Ihre Waffe Ihren persönlichen Voraussetzungen anpassen müssen.

Die optimale Schäftung

Beim Erwerb einer neuen oder gebrauchten Waffe ist dies von ganz entscheidender Bedeutung.

Für den richtigen Anschlag ihrer Waffe sind drei Abmessungen ausschlaggebend: Schaftlänge, Schränkung und Senkung.

Die Länge des Schaftes ergibt sich aus der Länge Ihres Unterarms. Bei rechteckig gewinkeltem Arm wird der Abstand zwischen der Innenseite des Ellbogengelenks und der Zeigefingerspitze gemessen. Zu berücksichtigen ist auch die Art Ihrer Jagdkleidung, wobei Dicke und Größe Ihrer Weste entscheidend sein können. Nachdem die Länge des Schaftes festgelegt ist, muß sich der Büchsenmacher davon überzeugen, daß sich beim Anbacken Ihr Zielauge genau in der Mitte der Laufschiene befindet. Dazu stellt er sich Ihnen gegenüber auf und läßt sie in Richtung seines Gesichts anlegen. Bei der Gelegenheit kann er auch gleich feststellen, ob Ihr Zielauge hoch genug über der Laufschiene liegt; gegebenenfalls wird er die Senkung verändern, indem er den Schaft höher oder niedriger macht.

Das Anpassen von Schränkung und Senkung erfolgt durch gleichmäßige Wegnahme von Holz beziehungsweise eine entsprechende Auflage. Es gibt professionelle Schützen, die das Holz zu diesem Zweck mit heißem Öl behandeln und es eindrücken, andere wieder arbeiten mit Dampf. Diese Methode empfiehlt sich allerdings nicht besonders, da der Schaft im Laufe der Zeit unter Umständen wieder seine ursprüngliche Gestalt annimmt und manche Holzfasern nachgeben können, wodurch der Schaft an Festigkeit verliert.

Manche Büchsenmacher verfügen über Einschießgeräte (mit oder ohne Laser), mit denen sie die drei Faktoren nach Belieben modifizieren und sich so bereits im Herstellungsprozeß dem gewünschten Endresultat annähern können. Die Feinarbeit erfolgt dann in mehreren Anproben unter Anleitung eines Schäfters.

Ein Wort zum Schluß: Denken Sie stets daran, Ihre Patronenhülsen einzusammeln. Ein guter Jäger muß auch ein Umweltschützer sein. Vergessen Sie nicht, daß eine Plastikhülse zur Verrottung mehrere Jahrzehnte oder sogar Jahrhunderte benötigt. Dies gilt genauso für Patronen mit Papphülsen, deren Bodenkappe ja aus Messing besteht.

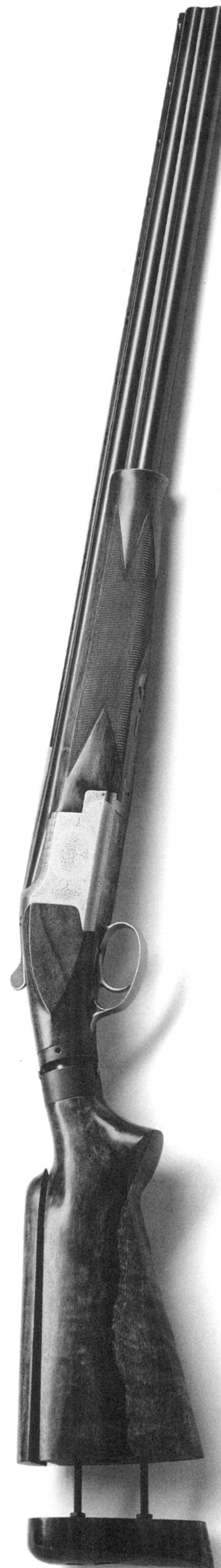

Glossar

A

Abnormität: Allgemein Abweichung von der Norm, bei der Jagd vorwiegend auf Regelwidrigkeiten am Geweih bezogen. Ursachen können erbliche Defekte sein, z. B. bei angeborener Geweihlosigkeit oder Einstangigkeit; ferner Störungen des Stoffwechsels und Krankheiten. Sind beispielsweise die Geweihenden nicht entwickelt, kann ein Tier seinen Gegner aufgrund der fehlenden »Parierstangen« u. U. tödlich verletzen.

Abzug: Als Teil der Abzugvorrichtungen bei Schußwaffen ist der Abzug der zur Auslösung des Schusses bestimmte Hebel. Er besteht aus dem eigentlichen Abzug (Züngel) sowie dem Abzugblatt.

Alpenschneehuhn (Lagopus mutus): Gehört zu den Rauhfußhühnern, wird ca. 400 g schwer. Der Hahn ist im Sommer grau, die Henne braun, beide mit weißen Flügeln. Im Winter haben beide weißes Gefieder mit Ausnahme des schwarzen Schwanzes (Stoß). Die Tiere leben oft in Gruppen von zwanzig bis vierzig Vögeln. Jagd: Herbstliche Suche mit dem Vorstehhund, u.a. in Frankreich. In Deutschland ganzjährig geschont.

Annehmen: Man spricht vom »Annehmen der Fährte«, wenn ein Hund ein Wild verfolgt. Wenn er es verliert, »kommt er von der Fährte ab«.

Anposchen: veralteter Ausdruck für Anlocken von Federwild – meist Fasanen oder Rebhühnern – durch Körnerfutter.

Anschlag: Haltung der Waffe bei der Schußabgabe.

Anschlagen: Ein Gewehr in Anschlag bringen.

Ansitz: Einzeljagd, wobei der Jäger das Wild in guter Deckung und unter Beachtung der Windrichtung erwartet. Der Ansitz ist eine statische Jagdart, im Gegensatz beispielsweise zum Stöbern, bei der die Deckung – mit Hilfe von Hunden – abgesucht wird.

Ansitzhütte: Geschlossene Hütte, die teilweise in den Boden eingegraben ist; findet insbesondere bei der Lockjagd Verwendung.

Ansitzkiste: Auch Ansitztonne. Ansitz bei der Wattjagd, wobei die Ansitzkiste bei Ebbe und Flut jeweils mit dem veränderten Wasserspiegel sinkt oder steigt. Diese speziellen Ansitze werden besonders an den französischen Küsten, z.B. der Somme-Bucht, der Mont-Saint-Michel-Bucht und dem Bassin d'Arcachon benutzt.

Aufbaumen: Auf einen Baum fliegen. Fasane haben die Angewohnheit, abends vor Feinden auf Bäumen Schutz zu suchen. In Gefangenschaft aufgezogene Fasane bleiben am Boden, wodurch sie häufig Räubern zum Opfer fallen.

Aufzucht: In vielen Gebieten wird in Volieren Federwild aufgezogen, das zur späteren Auswilderung gedacht ist.

Automatischer Patronenauswerfer: Mechanismus, der nach dem Schuß die Patronenhülsen entfernt und sie in die Luft schleudert.

B

Bache: Weibliches Schwarzwild. Man bezeichnet eine Bache als »führend«, wenn sie Frischlinge hat. In diesem Fall darf sie nicht geschossen werden, da die Jungen ohne ihre Mutter verhungern würden. Zwar haben Bachen kein so eindrucksvolles Gewaff wie Keiler, doch auch sie können Hunde und Menschen mit ihrem Biß schwer verletzen.

Basküle: Teil der Kipplaufgewehre, der die Verschluß- und Schloßbestandteile aufnimmt (Kasten, Verschlußkasten oder Gehäuse sind gleichbedeutend).

Bergstutzen: Kipplaufbüchse mit zwei Läufen unterschiedlichen Kalibers.

Beschuss: Überprüfung auf Haltbarkeit und Funktionssicherheit von Waffen, u. a. durch das Verschießen von sogenannten Beschußpatronen, welche im Gasdruck mindestens 30% höher liegen müssen als normale Patronen des gleichen Kalibers.

Blässhuhn (Fulica altra): Häufigste Ralle und häufigster Schwimmvogel Mitteleuropas überhaupt (auch Belchen, Zappen oder Lietze genannt). Knapp entengroß (600 g), schieferschwarzes Gefieder, leuchtendweißes Stirnschild und kräftiger weißer Schnabel. In manchen Gegenden Südfrankreichs werden Treibjagden auf Bläßhühner veranstaltet.

Blei: Schrotpatronen für die Jagd sind mit Bleikugeln gefüllt. Da dieses Material bei der Wasserjagd zu Bleivergiftungen von Wasservögeln führen kann, wird nach Ersatzmaterialien gesucht. In den USA verwenden Wasserjäger bereits Wismut oder Wolfram.

Bockdoppelbüchse: Jagdbüchse mit zwei übereinander angeordneten gezogenen Läufen.

Bockdoppelflinte: Jagdflinte mit zwei übereinander angeordneten glatten Läufen.

Bockdrilling: Bergstutzen mit einem zusätzlichen, zwischen oder über den gezogenen Läufen liegenden glatten Lauf für die Jagd auf Niederwild.

Bracken: s. Laufhunde

Brunft: In der Jägersprache die Paarungszeit des wiederkäuenden Schalenwildes, beim Rotwild von Mitte September bis in die erste Oktoberwoche hinein. Die männlichen Tiere begeben sich zu Brunftplätzen, wo sie Weibchen für sich zu gewinnen und andere Bewerber in die Flucht zu schlagen versuchen.

Brunftkugeln: Hoden bei männlichem Schalenwild.

Brünieren: Anbringung einer Schutzschicht auf Läufen durch Eintauchen in eine oxidierende Lösung.

Büchsenschiessen: Im Gegensatz zum Flintenschießen eine eher statische Disziplin (Ausnahme: »laufender Keiler«, die große Konzentration und eine ruhige Hand erfordert. Geschossen wird meist auf feststehende Scheiben, beim jagdlichen B. unter Simulation jagdlicher Gegebenheiten.

C

Caleuse: Kanadisches Boot für die Wasserjagd. Die Jäger stehen darin in einer Art Vertiefung.

Choke: engl. für Würgebohrung bei Flinten.

D

Damastläufe: Werden heute nicht mehr hergestellt. Entstanden durch die Verschweißung eines aus Eisen- und Stahlstreifen verflochtenen und um eine »Hülse« gewundenen Bandes.

Dohne (Dohnenstieg): Schlingen zur Vogeljagd, heute noch bei der traditionellen Drosseljagd in den Ardennen verwendet.

Doppelbüchse: Jagdbüchse mit zwei nebeneinander angeordneten gezogenen Läufen.

Doppelbüchsdrilling: Doppelbüchse mit einem zusätzlichen glatten Lauf.

Doppelflinte: Jagdflinte mit zwei nebeneinander angeordneten glatten Läufen.

Drilling: Doppelflinte mit einem zusätzlichen gezogenen Lauf für Kugelpatronen.

Dublette: Ein Schuß, bei dem zwei Stück Wild gleichzeitig mit zwei Patronen erlegt werden.

E

Eichelhäher (Garrulus glandarius): Waldbewohnender Rabenvogel, ca. 165 g; überwiegend rötlichbraun, Schwanz schwarz, weißer Bürzel. Nahrung überwiegend pflanzlich, vor allem Eicheln, Bucheckern, aber auch Insekten. Eichelhäher sind bedeutsam für die Ausbreitung von Eichen und Buchen (Hähersaat).

Ende: Verzweigung am Geweih von Hirschen, Rehböcken oder Damhirschen, auch Sproß oder Sprosse genannt. Die Augsprosse, ein unterstes, unmittelbar über der Rose sitzendes Ende beim Rothirsch und verwandten Arten dient beim Geweihkampf v. a. als »Parierstange« zum Abstoppen des gegnerischen Geweihstoßes und schützt die Gesichtspartie.

F

Falken: Familie kleiner bis mittelgroßer Greifvögel. Gemeinsame Merkmale: deutlich unter Bussardgröße, schmal- und meist spitzflügelig, große dunkle Augen, runder Kopf, deutlicher Zahn im Oberschnabel mit entsprechender Kerbe im Unterschnabel. Falken sind Griffhalter und Bißtöter.

Falle: Vorrichtung zum Fangen eines Tieres. Man unterscheidet zwischen lebend fangenden Fallen und sofort tötenden Fallen. Weltweit werden die Beschränkungen für die Fallenjagd immer mehr verschärft.

Fallprügel (Fallknüppel, Fallbaum): Aus Holzprügeln gebaute Falle, die sofort tötet. Sie wird zur Jagd auf Füchse und niederes Haarraubwild verwendet.

Fangbunker: Ein von Holzpfählen, Betonröhren oder Steinen umgebener Fangplatz, in dem eine oder mehrere Fallen eingebaut sind. Durch Einlaufschlitze kann das Wild einschlüpfen und sich fangen.

Fangnetz: Großes Netz, das auf den Gebirgspässen der Pyrenäen für die Ringeltaubenjagd benutzt wird.

Feuerstein (Flint): Stein, der früher bei Waffen zum Funkenschlagen und damit zum Entzünden des Pulvers diente.

Flügeln: Das Beschneiden der ersten Schwungfedern eines Vogels, um ihn am Wegfliegen zu hindern. Das Beschneiden von Flügeln wird bei Fasanen und Wildenten durchgeführt.

Foxterrier: Rauh- oder kurzhaarig, Braun- oder Schwarzscheck, heute hauptsächlich als Begleithund gezüchtet.

Frettieren: Baujagd mit Frettchen auf Wildkaninchen. Das Frettchen schlieft in den Bau, aus dem dann die Kaninchen flüchten. Bei der Flucht können sie geschossen oder in Sprengnetzen gefangen werden.

G

Ganga: Steppenhuhn.

Gelt: Unfruchtbar, ohne Nachkommen, z. B. Geltgeiß, Geltschaf, Geltbache.

Gestüber: Kot von Federwild.

Gewaff: Die kräftigen Eckzähne im Gebiß des Schwarzwildes, die sowohl als »Werkzeug« beim Brechen im Boden als auch als Waffen bei Rivalen- und Verteidigungskämpfen dienen. Das Gewaff ist beim Keiler besonders stark entwickelt. Schwarzwild kann daher auch für den Menschen gefährlich werden.

Gezogener Lauf: Büchsenlauf, der innen gewundene Züge und Felder aufweist, die der Kugel eine Drehung um die eigene Achse verleihen.

Ginsterkatze: Kleines Haarraubwild, dessen Bestand offenbar im Wachstum begriffen ist, mit grauem, schwarzgeflecktem Pelz. Das Tier läßt sich leicht zähmen, weshalb es bei den Römern als Hauskatze gehalten wurde.

Glatter Lauf: Flintenlauf zum Verschießen von Schrotpatronen.

H

Hahn: Bezeichnung für das außen an der Waffe befindliche Schlagstück bei Hahngewehren. Innenliegende »Hähne« bezeichnet man immer als Schlagstück.

Hahnlos (hammerless): Gewehre mit innenliegenden Schlagstücken wurden als hahnlos (engl. hammerless) bezeichnet. Die Bezeichnung stammt aus der Zeit, als Hahngewehre noch die Regel waren.

Hakenbüchse: Vorderlader; Vorläufer der heutigen Jagdflinten.

Halbautomaten: s. Selbstladewaffen.

Hammerless: s. hahnlos.

Haselwild (Haselhuhn, Bonasa bonasia): Mit etwa Rebhuhngröße kleinstes Waldhuhn, Gewicht bis 450 g; auf der Oberseite rostbraun, auffallend gefleckt und gemustert, mit relativ langem Schwanz (Stoß). Lebensraum sind Laub-, Misch- und Nadelwälder vor allem im Bergland. In Quebec kommen die Vögel häufig vor. Sie sind wegen ihres schmackhaften Fleisches beliebt.

Hülse: Patronenhülse; Element der Patrone, die nicht nur als Transporteinheit für die anderen Bestandteile, sondern beim Schuß vor allem als Gasdichtung nach hinten dient.

Hülsenboden: Besteht meist aus Messing und verfügt häufig über eine Rille, die das Entfernen der Munition erleichtert.

Hundeprüfungen: Brauchbarkeits- oder Jagdeignungsprüfungen; sie dienen der Feststellung der Brauchbarkeit von Jagdhunden im Sinne der Jagdgesetze und stellen dazu bestimmte Mindestanforderungen.

J

Jagdaufseher: Personen, die vom Jagdausübungsberechtigten zum Schutz und zur Aufsicht der Jagd angestellt sind.

Jadgsignale: Auf Jagdhörnern geblasene, melodisch und rhythmisch geordnete Tonfolge als Verständigungsmittel bei der Jagd. Man unterscheidet Jagdleitsignale, Allgemeine Signale sowie Wildsignale bzw. Totsignale.

K

Kaliber: Bezeichnung des Laufinnendurchmessers, der Laufweite von Schußwaffen, aber auch des Geschoßdurchmessers. Bei Schrotpatronen gilt als Kalibermaßstab die

Anzahl kalibergroßer Kugeln aus reinem Blei, die auf ein englisches Pfund gehen. Kaliber 12 entspricht also in etwa dem Durchmesser von 12 gleich großen Bleikugeln, die zusammen ein Pfund wiegen; Kaliber 20 ist entsprechend kleiner. Es gibt Jagdflinten im Kaliber 10, 12, 16, 20, 24, 28 oder 32.

Kammerverschluss: Auch Zylinderverschluß genannt; Verschlußeinrichtung, die sich durch besondere Robustheit und Funktionalität auszeichnet, meist bei einläufigen (Repetier-)Büchsen, seltener bei Flinten.

Kessel: Kreisförmig umstelltes Treiben im Feld.

Kipplaufwaffen: Bezeichnung für Gewehre, deren Lauf sich im Verschlußgehäuse um ein Scharnier bewegt, mit dem er durch eine Verriegelung verbunden wird, und der beim Öffnen auskippt. In geöffnetem Zustand wird das Patronenlager zum Laden und Entladen freigegeben. Kipplaufwaffen sind Einzellader, auch wenn sie mehrläufig sind.

Kirrung: Ausgelegte oder ausgestreute Futtermittel, die dazu dienen, Wild – vor allem Schwarzwild – an bestimmten Stellen anzulocken (anzukirren), u. U. mit der Absicht verbunden, es dort zu erlegen.

Korn: Der vorn in der Nähe der Gewehrlaufmündung liegende Teil der offenen Visierung.

Korthal: Rauhhaariger Vorstehhund, der vorwiegend zur Wasser- und Waldjagd eingesetzt wird.

Kugelschuss: Man schießt mit Kugelpatronen auf große Säugetiere (Hirsche, Rehe, Wildschweine, Mufflons, Pyrenäengemsen, Gemsen, Antilopen, Büffel, Elefanten).

L

Ladestock: Hölzerner Stock, mit dem man früher das Pulver in die Läufe der Vorderlader stopfte.

Laufhunde: Bracken; älteste Jagdhundform, aus der sich alle übrigen hängeohrigen Jagdhunde entwickelt haben. Früher vor allem zur Meutejagd verwendet.

Laufschiene: Metallschiene auf dem Lauf, die die Visiereinrichtung trägt.

Laverack-Setter: Englischer Setter mit besonders langem und weichem, meist sehr hellem Fell. Wird bevorzugt zur Schnepfenjagd eingesetzt.

Locke: Instrument zur Nachahmung von Tierlauten, das bei der Lockjagd eingesetzt wird.

Lockvögel: Hilfsmittel zur Lockjagd auf Federwild, besonders um gesellig lebenden Arten Artgenossen vorzutäuschen und sie zum Einfallen an Rast- oder Äsungsplätzen zu reizen. Dabei kann es sich sowohl um lebende Vögel als auch um Attrappen handeln. Bei der Taubenjagd werden zahme Haustauben eingesetzt.

Losung: Kot von allem Haarwild und vom Auerwild, das zum Hochwild zählt.

Luntenschlossgewehr: Vorläufer des Jagdgewehrs; wurde mit Schwarzpulver geladen und mit einer Lunte gezündet.

M

Marco-Polo-Schaf (Ovis ammon polii): Auch Pamirschaf oder Katschgar. Große Unterart des Wildschafs im Hochland von Pamir.

Marder (Mustelidae): Artenreiche Familie der Carnivora; in Deutschland vertreten mit den »echten Mardern« (Baum-, Steinmarder, Fischotter, Dachs) und den »Stinkmardern« (Iltis, Nerz, Mink, Hermelin, Mauswiesel).

Mitschwingen (mitfahren): Der Niederwildjäger folgt mit dem Flintenlauf den Bewegungen des Wildes und schießt in der Bewegung. Das gekonnte Mitschwingen macht den guten Schützen aus.

Moorschneehuhn (Lagopus lagopus): Ein Rauhfußhuhn Nordeuropas und Nordasiens, dem Alpenschneehuhn sehr ähnlich. Moorschneehühner ernähren sich von Heidepflanzentrieben. Besonders in Schottland spielt die Moorschneehuhnjagd (Treib- oder Stöberjagd) eine große Rolle. Momentan werden große Anstrengungen unternommen, Moorschneehühner unter Naturschutz zu stellen.

Munition: Die Munition, die zum jagdlichen Schießen eingesetzt wird, ist in zwei große Gruppen unterteilt: Schrotpatronen für die Jagd auf Niederwild und Kugelpatronen für die Jagd auf Hoch- und Großwild.

P

Patrone: Munition, die Pulver und Projektil enthält.

Patronenlager: Hinterer Teil der Laufbohrung, der die Patrone aufnimmt.

Perlkorn: Spezielle Form des Korns mit einer kleinen Metallkugel.

Pfeife: Kleines Instrument aus Neusilber oder einem anderen Material, das entweder zum Rufen eines Hundes oder zum Anlocken eines Wildes durch die Nachahmung typischer Laute dienen kann.

Pfropfen: Zwischenmittel in einer Schrotpatrone.

Pirsch: Ursprünglich Einzeljagd schlechthin im Unterschied zur Gesellschaftsjagd. Heute vor allem Pirschgang: aufmerksames, langsames, leises Durchstreifen des Waldes unter der Beachtung der Windrichtung.

Posten: Grobes Schrot im Durchmesser von etwa 5–9 mm. Früher zum Schießen auf Schalenwild verwendet (Rehposten, Sauposten), heute für diese Zwecke verboten.

Pulverhorn: Längliches Behältnis, in dem die Jäger früher das Pulver aufbewahrten. Manche Pulverhörner wurden äußerst kunstvoll verziert.

Pump Gun: Vorderschaftrepetierer mit Röhrenmagazin, seltener als Büchse, in Deutschland meist als Flinte (Pumpflinte). Der Verschluß wird im amerikanischen Englisch als »Slide Action« bezeichnet, was mit »Gleitverschluß« übersetzt werden könnte.

Pyrenäengemse: Kleiner und heller als verwandtes Gamswild.

R

Reichweite: Jede Waffe hat eine bestimmte Reichweite. Die Reichweite von Flinten beträgt nicht viel mehr als vierzig Meter, während man mit den Kugelgeschossen von Büchsen noch auf zweihundert Meter und mehr tödlich treffen kann. Der Gefahrenbereich des Schrotschusses kann bis zu 400 m betragen, der des Kugelschusses bis zu 5000 m!

Rosen und Arabesken: Gravurenmotiv, das auf feinen britischen Waffen häufig Verwendung findet und zarte Rosen und Arabesken darstellt.

S

Schaft: Neben Lauf und Verschlußeinrichtung wesentlicher Bestandteil des Jagdgewehrs. Der Schaft verbindet die einzelnen Bauteile der Waffe und bildet deren Handhabe. Die Schäfte von Jagdwaffen bestehen meist aus Nußbaumholz, seltener aus anderen Hölzern oder auch Kunststoff.

Schiessen auf Wild: Zu den Grundsätzen der Weidgerechtigkeit gehört es, Wild so schnell und schmerzlos wie möglich zu erlegen, es also mit sicherem Schuß zu töten.

Schlagbolzen: Bestandteil des Waffenschlosses. Durch Betätigen des Abzuges wird der unter Federspannung stehende Schlagbolzen freigegeben, schlägt auf das Zündhütchen und löst so den Schuß aus.

Schloss (Plural: Schlosse): Wichtigster Teil aller Feuerwaffen. Durch die Schlagkraft der Schlagfeder wird entweder durch unmittelbaren Schlag des Hahnes, Schlagstückes oder des Schlagbolzens bzw. durch ein Zwischenglied, den Schlagstift, die Patrone zum Schuß gebracht. Das Schloß wird entweder durch die Verschlußeinrichtung aufgenommen, oder Schloß und Verschlußeinrichtung sind zusammen im Verschlußgehäuse gelagert.

Schmelz (Geschmeiss): Kot von Greifvögeln.

Schränkung: Seitliche Biegung des Schaftes aus dem Gesicht.

Schrot: Mit Schrotpatronen schießt man auf Niederwild (Vögel und kleine Säugetiere wie Hase, Kaninchen oder Fuchs).

Schrotschuss: Streuschuß mit einer Anzahl von Einzelgeschossen (Schrot), die in bezug auf Größe, Geschwindigkeit, Deckung, Garbenlänge, Garbenbreite, Verdichtung der Garbe usw. in einem ausgewogenen Verhältnis stehen müssen.

Schuss auf abflüchtendes Wild: Schießen auf Wild, das vom Jäger weg flüchtet.

Schuss auf abstreichendes Federwild: Schuß auf Federwild im Flug.

Schwärzen: Technik, bei der zwei metallene Teile mit Ruß geschwärzt werden, um beim Zusammenbau eine perfekte Justierung zu erreichen.

Seele: Das hohle Innere des Laufes wird als Laufseele bezeichnet, die gedachte Mittellinie als Seelenachse.

Selbstladewaffen (Halbautomaten): Mehrschüssige Waffen, bei denen nach dem Schuß das Öffnen des Verschlusses und damit das Auswerfen der Hülse, das Spannen des Schlosses und das Einführen einer neuen Patrone in das Lager sowie das Schließen des Verschlusses entweder durch nach rückwärts geleitete Pulvergase oder durch Rückstoß ausgeführt wird.

Senkung: Abstand zwischen dem Schaftrücken und der theoretischen Verlängerung der Visierlinie nach hinten. Man unterscheidet zwischen vorderer und hinterer Senkung.

Spaniel: Kleine, langhaarige englische Stöberhunde in zahlreichen Rassen; in Deutschland als »Jagdspaniel« in zwei Rassen verwendet: Cockerspaniel und Springerspaniel.

Spiesshirsch: Zweijähriger Hirsch, der an seiner spießartigen Geweihform erkennbar ist.

Stöbern: Jagdart; Einzeljagd; s. auch Ansitz.

T

Taubenfangnetz: Horizontal gespanntes Netz, das in Südwestfrankreich für die Ringeltaubenjagd benutzt wird.

Terrier: Erdhunde, kleine bis mittelgroße, rauh-, seltener kurzhaarige, besonders raubwildscharfe Hunde, ursprünglich kleine Packer und »Kampfhunde« gegen Raubwild und Ratten, dann auch zu vielseitigeren Gebrauchshunden weiterentwickelt.

Tontauben: s. Wurftauben.

Tränengrube: Auch Tränenhöhle. Voraugendrüse bei Rotwild, deren Sekret (Hirschtränen) als Duftstoff in der innerartlichen Verständigung eingesetzt wird.

Trappen: Familie großer Bodenvögel mit relativ langen, kräftigen Beinen und dreizehigem Fuß. Die Hähne sind meist deutlich größer als die Hennen. Man unterscheidet Großtrappen und Zwergtrappen.

Treibjagd: Gesellschaftsjagd, wobei zahlreiche Schützen, Treiber und/oder Hunde planmäßig zusammenwirken.

Trommelmagazin: Magazin, das mehrere Patronen aufnehmen kann und sich nach jedem Schuß dreht.

Turmfalke: Kleiner als eine Taube, langschwänzig. Segelt wenig, fliegt mit raschen Flügelschlägen und rüttelt häufig. Kommt an Straßen und sogar in Städten vor.

U

Unterhebelverschluss: In Deutschland nicht eingeführtes Repetierbüchsen-System, amerikanisch »Lever-Action«.

V

Verschlusseinrichtungen: Sie haben den Zweck, das Patronenlager hinten abzuschließen, die Teile des Schlosses aufzunehmen und die Verbindung zum Schaft herzustellen. Man unterscheidet der Bauart nach Kipplaufverschlüsse, Verschlüsse für Einzel- und Mehrlader mit feststehendem Lauf und Verschlüsse für Selbstladewaffen.

Verschlusskasten: s. Basküle.

Visiereinrichtungen: Generell unterscheidet man zwischen der optischen Visierung (dem Zielfernrohr) und der offenen Visierung. Letztere besteht aus Visier (Kimme) und Korn. Die Kimme kann verschiedene Formen haben.

Vorderlader (Knallbüchse, Donnerbüchse): Vorläufer moderner Gewehre, die von vorne durch den Lauf geladen wurden.

Vorstehhund: Entwicklungsgeschichtlich jüngste Gruppe der Jagdhunde, ursprünglich vorwiegend zur Feldarbeit verwendet, in Deutschland zu vielseitigen Gebrauchshunden weiterentwickelt. Sie besitzen die Fähigkeit, mit hoher Nase in weiträumiger Suche (Nieder-)Wild zu finden.

W

Waffenpflege: Beim Lauf müssen Korrosion verhütet, gegebenenfalls Verbleiung und auf jeden Fall Ablagerungen von verschiedenen Materialien (Mantelmetall, Abrieb von Plastikpfropfen usw.) entfernt werden. Am zweckmäßigsten haben sich zur Laufpflege Kombinationen aus chemischen und mechanischen Methoden erwiesen. Zur Reinigung wird ein Wattebausch auf den Werghalter des Putzstocks gewickelt, mit Waffenöl getränkt und bis zur Mündung durch den Lauf gestoßen und wieder zurückgezogen.

Wasservögel (Wassergeflügel, Wasserwild): Bezeichnung für Vögel, die an den Küsten der Meere, in Sumpfgebieten und anderen Feuchtbiotopen heimisch sind. Enten und Gänse gehören zum am meisten geschätzten Wasserwild.

Watvögel: Sammelbegriff für einige Familien der Ordnung Wat- und Möwenvögel; bodenbrütende Laufvögel, die alle mehr oder minder ans Wasser gebunden sind und ihre Nahrung aus dem Boden auflesen, aus weichem Untergrund stochern oder im Seichtwasser fangen.

Wespenbussard: Trotz großer Ähnlichkeit im Flugbild mit dem echten Bussard nicht näher verwandt. Zugvogel, der im Frühjahr kommt und im Herbst wieder zieht. Ernährt sich von Insekten, Wespen und deren Larven, Bienen, Reptilien und Kleinsäugern.

Wurftauben (Tontauben): Aus Keramikmaterial oder Kunststoff bestehende tellerartige Wurfscheiben, die mit Wurfmaschinen als Ziele für den Schrotschuß geschleudert werden. Wurftaubenschießen wird in zwei verschiedenen Disziplinen entweder als Trap- oder als Skeetschießen (»Graben«- bzw. »Turmschießen«) durchgeführt.

Würgebohrung (s. a. Choke)**:** Bohrungsart bei Flinten, allgemein gebräuchliche Mündungsverengung.

Z

Zündhütchen: Im 19. Jahrhundert mit Erfindung der Perkussionszündung eingeführt. Es sitzt auf einem durchbohrten Piston über dem Pulverraum und wird durch den Hahn zur Entzündung gebracht, wodurch es wiederum das Pulver entzündet.

Zündstift: Kleiner Stift, der früher aus der Patrone herausragte.

Zwergtrappe: Kleine, selten gewordene Trappe, die in den Ebenen Zentralfrankreichs lebt (s. a. Trappen).

Zylinderverschluss: s. Kammerverschluß.

(Quellen: Berrens, Dr. Karl [u. a.]: *Jagdlexikon,* München [u. a.] : BLV Verlagsgesellschaft, 1983. – Nüßlein, Fritz: *Das praktische Handbuch der Jagdkunde.* München [u. a.] : BLV Verlagsgesellschaft, 1995. – Richter, Rolf: *Kleine Jagdwaffenkunde für Ausbildung und Praxis.* München [u. a.] : BLV Verlagsgesellschaft, 1980)

Adressen

ABBIATICO i SALVINELLI
Via Valtrompia, 16-18
I-25063 Gardone Val Trompia
(Brescia)
Italien

ALAR
27, rue Lambert-Masset
B-4300 Ans.
Belgien

ARRIETA
P.O. Box 93
E-20870 Elgoibar (Guipuzcoa)
Spanien

ARRIZABALAGA
Erratxu 5
E-20600 Eibar (Guipuzcoa)
Spanien

BERETTA
Via Pietro Beretta, 18
I-25063, Gardone Val Trompia
(Brescia)
Italien

BLASER
Ziegelstadel 1
D-88316 Isny im Allgäu
Deutschland

BOSS
13 Dover Street
GB-London W1X 3PH
Großbritannien

BROWNING
25, Parc Industriel des Hauts Sarts
B-4040 Herstal
Belgien

CHAPUIS
Z.I. La Gravoux, B.P. 15
F-42380 Saint-Bonnet-le-Château
Frankreich

COGSWELL & HARRISSON
168 Picadilly
GB-London W2
Großbritannien

COSMI
Via Flamina, 307
I-60020 Torette (Ancona)
Italien

DAKOTA
HC-55 Box 326
Whitewood Road
Sturgis (South Dakota) 57785
USA

DARNE
4 ter, rue de la Convention
42100 Saint-Étienne
Frankreich

DUMOULIN
10, rue Florent Boclinville
B-4041 Votthem (Herstal)
Belgien

EVANS
67A St James's Street
GB-London SW1
Großbritannien

FANZOJ
Griesgasse 1
A-9170 Ferlach
Österreich

GASTINNE-RENETTE
39, avenue Franklin-Delano-Roosevelt
F-75008 Paris
Frankreich

GRANGER
66, cours Fauriel
F-42100 Saint-Étienne
Frankreich

HARTMANN & WEISS
Rahlstedter Bahnhofstraße 17
D-22143 Hamburg
Deutschland

HEYM
Am Aschenbach 2
D-98646 Gleichamberg
Deutschland

HOLLAND & HOLLAND
31-33 Bruton Street
GB-London WIX 8JS
Großbritannien
29, avenue Victor Hugo
75016 Paris
Frankreich

KRIEGHOFF
Postfach 2610
D-89016 Ulm
Deutschland

LEBEAU-COURALLY
386, rue Saint-Gilles
B-4000 Liège
Belgien

MAUSER
Postfach 1349
D-78722 Oberndorf
Deutschland

MERKEL
Postfach 130
D-98501 Suhl
Deutschland

PERAZZI
Via Fontanella, 1/3
I-25080 Bottocino Mattina
(Brescia)
Italien

PIOTTI
Via Cinelli, 10
I-25063 Gardone Val Trompia
(Brescia)
Italien

PURDEY
Audley House
57-58 South Audley Street
GB-London WIY 6ED
Großbritannien

REMINGTON
P.O. Box 700
870 Remington Drive
Madison NC 270258-0700
USA

RUGER
200 Ruger Road
Prescott AZ 86301
USA

SAUER
Postfach 1408
D-24340 Eckernförde
Deutschland

SCHEIRING
Oktoberstraße 8–10
A-9170 Ferlach (Kärnten)
Österreich

STEYR-MANNLICHER
Mannlicherstraße 1
PF 1000
A-4400 Steyr
Österreich

WEATHERBY
3100 El Camino Real
Atascadero CA 93422
USA

WESTLEY RICHARDS
40 Grange Road
Bournbrook
GB-Birmingham B29 6AR
Großbritannien

Die Adressenangaben wurden zum Zeitpunkt des Erscheinens dieses Buches überprüft und entsprechen dem aktuellen Stand. Sie sind hier unter dem Vorbehalt etwaiger Änderungen wiedergegeben, die während des Drucks dieser Publikation eingetreten sein sollten.

Bibliographie

Quellenangaben des Autors

- ALPINUS (Pseudonym für Faige-Blanc, Henri F.): *La chasse alpestre en Dauphiné*, Éditions Jeanne Lafitte, 1980.
- BENOIST, GEORGES: *Grandes chasses et grands fusils*, Sadei, 1952.
- BLANCHOD, FRÉDÉRIC: *Au paradis des grands fauves*, Payot, 1937.
- CORBETT, JIM: *Menschenfresser: Tiger in Indien*, Hamburg: Jahr-Verlag, 1998.
- COTLOW, LEWIS: *Zanzabuku*, Albin Michel, 1958.
- FLEMING, HANNS FRIEDRICH VON: *Der vollkommene Teutsche Jäger*, Leipzig 1719. Teil 1: Leipzig 1749; Teil 2: Leipzig 1724.
- FOA, EDOUARD: *Chasse aux grands fauves*, Plon, 1899.
- FRANCOTTE, AUGUSTE und GAIER, CLAUDE: *FN cent ans: histoire d'une grande entreprise liégeoise*, 1889–1989, Didier-Hatier, 1989.
- FRÉDÉ, PIERRE: *Aventures lointaines*, Firmin Didot, 1890.
- GAIER, CLAUDE: *Quatre siècles d'armurerie liégeoise*, Wahle, 1976.
- GÉRARD, JULES: *Voyages et chasse*, Calmann-Lévy, 1894.
- GÉRARD, JULES: *La chasse au lion*, Librairie nouvelle, 1958.
- LAKE, ALEXANDER: *Hunter's Choice, Thrilling True Stories*, Alexander Press, 1966.
- MASSIAN, MICHEL: *Les explorateurs*, Delpire, 1965.
- MEYNHARDT, HEINZ: *Schwarzwild-Report: Mein Leben unter Wildschweinen*, 8. überarb. Auflage. Neumann Radebeul, 1990.
- MORIN, MARCO UND HELD, ROBERT: *Beretta*, Acqua Fresca, 1980.
- PALLFY, PAUL: *Cinquante ans de chasse*, Denoël, 1951.
- POLO, MARCO: *Il Milione: Die Wunder der Welt*, Zürich: Manesse-Verl., 1984.
- PRETRE, MARCEL: *Calibre .475 Express*, La Baconnière, 1954.
- RUFFER, JONATHAN GARNIER: *The big shots*, Debrett's Peerage Limited, 1977.
- SNETHLAGE, KARL: *Das Schwarzwild: Naturbeschreibung, Hege, Jagd*, Hamburg, Berlin: Parey, 1982.
- SOMMER, FRANÇOIS: *Chasses et gibier en Afrique*, Paris: Crépin Leblond, 1971.
- STANLEY, HENRY MORTON: *Im dunklen Afrika*. Bd. 1. Leipzig: Brockhaus, 1890
- DERS.: *Mein Leben*. 2. Bd., Basel: Reinhardt, 1915
- DERS.: *Wie ich Livingstone fand*. Stuttgart [u. a.]: Thienemann, Ed. Erdmann, 1995
- VENNER, DOMINIQUE: *Encyclopédie des armes de chasse: carabines, fusils, optique, munitions*, Maloine, 1997.
- VENNER, DOMINIQUE: *L'Arme de chasse aujourd'hui*, Grancher, 1991.
- VENNER, DOMINIQUE: *Le Livre des armes*, Grancher, 1983.
- VETTIER, JACQUES: *Grandes chasses d'Asie, d'Afrique et ailleurs*, Saint-Brice-sous-Forêt, Editions PS 95, 1990.

Ausgewählte zusätzliche deutschsprachige Standardwerke zur Jagd

- ASCHENBRENNER, HANS: *Rauhfußhühner*. M&H Schaper 1985.
- BAYERN, ALBRECHT VON; BAYERN, JENKE VON: *Über Rehe in einem steirischen Gebirgsrevier*. 4. Aufl. BLV 1992.
- BERTON, JEAN: *Das große Buch der Jagdwaffen*. Karl Müller 1995.
- BLÜCHEL, KURT: *Die Jagd*. Könemann 1996.
- BÜTZLER, WILFRIED: *Rotwild. Biologie, Verhalten, Umwelt, Hege*. 4., überarb. Aufl. BLV 1991.
- FUSCHLBERGER, HANS: *Das Gamsbuch*. F.C. Mayer Verlag 1939.
- HARLING, GERT G. VON: *Auf fremden und vertrauten Wechseln. Jagen in Moor und Heide, Urwald und Savanne*. Parey bei Blackwell 1993.
- HELEMANN, WALTER: *Das Jahr der Wildbahn. Wild und Jagd in heimischen Revieren*. 3. Aufl. BLV 1996.
- HENNIG, ROLF: *Schwarzwild. Biologie, Verhalten, Pflege und Jagd*. 5., überarb. u. erw. Aufl., BLV 1998.
- HESPELER, BRUNO: *Rehwild heute. Lebensraum, Jagd und Hege*. 5., überarb. u. erw. Aufl., BLV 1996.
- HOLMGREN, CHRISTER: *Jagdwaffen und Schießtechnik. Praxis für Jäger und Sportschützen*. Parey bei Blackwell, 1993.
- *Jagdlexikon*. 6., überarb. und erw. Aufl., Neuausg. BLV 1994.
- *Jagd und höfische Kultur im Mittelalter*. Hrsgg. v. Werner Rösener. Vandenhoeck & Ruprecht 1997.
- KALCHREUTER, HERIBERT: *Wasserwild im Visier. Jagd und Schutz von Wasservögeln*. BLV 1987.
- KREBS, HERBERT: *Vor und nach der Jägerprüfung*. 49., überarb. Aufl. BLV 1995.
- MERAN, PHILIPP: *Der gute Schuß. Praktische Tips eines erfahrenen Jägers*. Stocker 1986.
- MÜLLER, HEINRICH: *Gewehre, Pistolen, Revolver. Europäische Jagd- und Kriegswaffen des 14. bis 19. Jahrhunderts*. Brandenburgisches V.-H. 1997.
- NERL, WILHELM; MESSNER, LUDWIG; SCHWAB, PAUL: *Das große Gamsbuch. Neue und bewährte Wege für Jagd und Hege*. 2. Auflage. Österreichischer Agrarverlag 1995.
- NÜSSLEIN, FRITZ: *Das praktische Handbuch der Jagdkunde*. 14., neubearb. Aufl. BLV 1995.
- RAESFELD, FERDINAND VON: *Das deutsche Weidwerk. Ein Lehr- und Handbuch der Jagd*. Reprint d. Erstausg. v. 1914. Parey bei Blackwell 1996.
- SCHNEIDER, EBERHARD: *Der Feldhase*. BLV 1978.
- ZEITLER, ROLAND: *Waffen und Kaliber*. Österreichischer Agrarverlag 1997.

Bildnachweis

© Agence TOP: S. 31, 36, 40, 110
© Arrizabalaga: S. 48
© Éditions Assouline, mit freundlicher Genehmigung von Jacky Brusson, Photo: Patrick Parchet: S. 26, 27, 41
© Peter Beard, mit freundlicher Genehmigung der The Time is Always Now Gallery, New York: S. 150–153, 155–157, 161, 163–164
© Bios: S. 87, 100, 109, 112–113, 158–159, 162, 174
© Garlinda Birkbeck: S. 96–97
© D.R.: S. 123–127, 138, 144–147, U4
© D.R., aus African Sporting Gazette, Nr. 4: S. 140
© Jean-Jacques Ducos: S. 167
© Edimédia: S. 10–11, 13, 16, 118–119
© Fanzoj: S. 139
© Archiv Bettina Graziani: S. 178–179
© Granger: S. 39
© Holland & Holland: U1, S. 20–21, 23–25, 28–29, 32–33, 51–55, 57, 59–61, 63, 67, 114, 136–137
© Jacana: S. 171
© Éric Joly: S. 18, 56, 68–70, 78, 82, 88–91, 93, 98–99, 106–108, 111, 115, 117, 121
© Keystone: S. 72–73
© Collection Prinz von Liechtenstein: S. 17
© Musée de la Chasse et de la Nature, Paris: S. 8, 12
© Perazzi: S. 47, 83
© Purdey: S. 148, 165
© R.M.N.: S. 77, 80–81
© Roger-Viollet: S. 14–15, 43–45, 58, 135
© Sacha, für einen Katalog von Louis Vuitton: S. 6, 94–95
© Sygma: S. 19, 65, 74–75, 101, 104–105, 128–129, 131–133, 142–143, 149, 169–170, 175–177
© Sylvain Cordier: S. 85–86, 103
© Jacques Vettier: S. 173
© Verney-Carron: S. 35

Dank

Für ihre Hilfe beim Zustandekommen dieses Buches dankt der Verlag der Firma Holland & Holland, insbesondere Roger Mitchell, Alain Drach, Daryl Greatrex und Vanessa König. Ebenso dankt er François Aubrun, Gisèle Authier (Beretta-Nobel Sport), M. Belvalette, Tim Robertson (Boss & Co.), Jean-Philippe Bourneuf, Sylvie Badevant (*Le Chasseur français*), M. Bruchet (Darne), Alexandre Gayral (Décathlon), Olivier Detrois, M. Dey (Fachmann), Hannes Fanzoj (Fanzoj Gesellschaft), M. De Stoop (Auguste Francotte & Cie), Gilbert Laurent (Centrale du Fusil d'occasion), Éric Mangenot (Gastinne-Renette), Richard Lévy (G. Granger), Jacky Brussant (Armurerie Jeanot), M. Bernstein und Lise Prioré (Kettner), Ivan Obesalini (Perazzi), Jean-Sébastien Berland (Purdey & Sons), Perrick Mazodier (Rivolier), Adrian Weller (Sotheby's), Barbara Mac Pheal (*The Sporting Gazette*), Peter Tunney (The Time is Always Now Gallery), Claude Verney-Carron (Verney-Carron), Jacques Vettier und Hubert Vouzelaud (Vouzelaud).
Sein Dank gilt ebenfalls den Waffenfabrikanten Centrale du Fusil d'occasion (75006 Paris), Gastinne-Renette (75008 Paris), Jeannot (92300 Levallois-Perret) und Kettner (75017 Paris) für die freundliche Genehmigung, die im Verzeichnis abgebildeten Waffen zu photographieren, sowie Sébastien Ratto-Viviani für seine geduldige Mitarbeit.

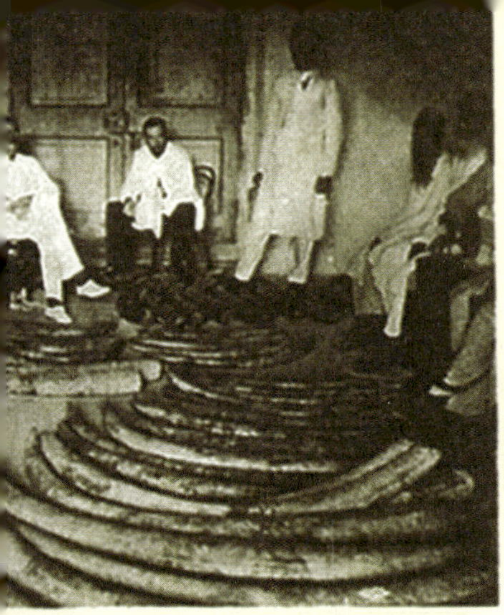

The Duchess of Connaught